陶短房
著

那些 常识 的 真相

中华书局

图书在版编目（CIP）数据

那些常识的真相 / 陶短房著 .—北京：中华书局，2018.3

ISBN 978-7-101-12620-4

Ⅰ. 那… Ⅱ. 陶… Ⅲ. 中华文化—通俗读物 Ⅳ. K203-49

中国版本图书馆 CIP 数据核字（2017）第 136579 号

书　　名	那些常识的真相	
编　　著	陶短房	
责任编辑	胡香玉	
出版发行	中华书局	
	（北京市丰台区太平桥西里 38 号 100073）	
	http：//www.zhbc.com.cn	
	E-mail：zhbc@zhbc.com.cn	
印　　刷	中煤（北京）印务有限公司	
版　　次	2018 年 3 月北京第 1 版	
	2018 年 3 月北京第 1 次印刷	
规　　格	开本 /710×1000 毫米 1/16	
	印张 10　字数 80 千字	
印　　数	1–10000 册	
国际书号	ISBN 978-7-101-12620-4	
定　　价	28.00 元	

当昨日的常识变成今天的僻典

随着国学热的兴起，古诗词诵读蔚然成风，有人知道我喜欢写诗文，请我听诵读"多提宝贵意见"，我往往笑而不答，逼问急了只好吐一句"你们读的唐诗，唐朝作者怕都听不出哪首是他自己写的"。

这并非一句笑谈：尽管中国自秦灭六国以来，讲究"书同文、车同轨"，十分重视语言文字的规范、统一，但社会毕竟在进步，文化也在发展，语言文字说到底，终究是用于社会成员间相互沟通、表达的，总会随着时代、社会、风俗的变化发展，而潜移默化地改变。一年、十年，当事人对这种改变可能浑然未觉，但百载、千载后回头再看，我们会惊觉沧海桑田、造化之妙：昨天人人耳熟能详的常识，今天或已成为连专家、教授都会混淆的僻典；同样的一个词、一句话，字面未变，含义却已大相径庭，甚至连褒贬都颠倒了过来。

今天，人们的生活节奏已与昔日大不相同，"常识变僻典"的速度也在加快，"咬文嚼字"之类的节目一面在努力纠正某些用错的典、读错的音，一面自己也常会一不小心犯下同样的错误。在快节奏的社会里，这本是再正常不过的现象，号称全世界最重视语言规范化的法国，其文字纠察部门也成年累月为这些问题疲于奔命。

但对于那些稍稍"沉淀"，却仍然"活"在我们口中、笔下的语言文字，适当的讲究不仅可能，而且必要。毕竟，语言和文字承载着历久弥新的中华文化的许多掌故和秘密，只有顺利理解、准确解读隐藏在"今天僻典"中的"昨日常识"，而不为一些似是而非的杂音所干扰，造成歧义、误读，才能更好地继承由语言文字所承载的历史文化宝藏。

这本《那些常识的真相》正是出于上述目的，在近一年时间里陆续写成的一组短文，每篇短文都是对那些因古今歧义、异义和反义，而被许多当代人误解、混淆的名言、成语和典故等的解读。其中有一些，许多读者未必陌生，只是未曾系统、全面了解个中缘由，另一些则大多数读者并不太清楚，甚至在日常中时时用错，却浑不自知。

如今，蒙中华书局将这些短文结集出版，希望对读者辨析、掌握"昨日常识、今天僻典"有所助益，对朋友们借助语言文字媒介，准确深入地挖掘中国历史文化宝藏有所启发。书中必有许多不当之处，欢迎大家批评、指正。

陶短房

那些常识的真相

目录 ————————————

| 001 | 成语的前生今世 |

"一波三折"究竟是怎么"波折"的？　002

什么是"文武之道"？　006

从飞鸟依人到小鸟依人　011

铮铮铁骨原本没那么"值钱"　016

从"每下愈况"到"每况愈下"　021

"穷且益坚"的"穷"是"贫困"之意吗？　027

"走马观花"的"走"是什么意思？　031

"洪荒之力"有多大？　036

"学而不厌"是不厌倦学习吗？　041

| 045 | 容易误读的称谓 |

孟姜女到底姓什么？　046

"杜工部"是多大的官？　052

"司马"和"大司马"是一回事吗？　059

丞相与宰相本不相同　064

古今不同话说"选举"　069

073　被误解的常见词

"中国"也会被误读吗？　　　　　074

莫误"娑婆"与"婆娑"　　　　　079

张飞的"丈八蛇矛"是什么武器？　085

一误再误的"年方"　　　　　090

"颇有慈心"是有多少慈心？　095

敌国就是"敌对国家"吗？　　　101

比窦娥还冤的"封建"　　　106

什么是"压轴戏"？　　　112

关公的大刀有多重？　　118

123　混淆视听的常识

"春风十里"莫胡吹　　　124

不能乱用的"未亡人"　　　129

"人尽可夫"原本没有贬义　　　134

各领风骚的"风骚"　　　138

你的饭爽不爽口？　　143

147　附录

容易误用的成语　　　148

成语的
前生今世

"一波三折"究竟是怎么"波折"的?

　　什么叫"一波三折"? 很多朋友都会告诉您, 这是指事情的进行和发展并不顺利, 充满着起伏、波折和变数, 但仍然在发展过程当中。

　　这种理解当然是对的, 但以"一波三折"来形容事情发展的不平静、不顺利和不简单, 甚至更进一步, 用于形容人生过程的坎坎坷坷、百转千回, 都是白话文运动兴起以来, 人们对古代汉语中名言警句推陈出新, 所阐发、引申的新含义, 满打满算, 上述在今天看来俨然"正义"的解读, 被大家普遍接受、使用, 也就仅仅一百年上下的光景。

　　而在此之前, "一波三折"最常见的释义, 是和文章有关的。

众所周知，明清两代读书人最羡慕的"远大前途"，是"十年寒窗无人问，一举成名天下知"，也就是读书、科举、考中、做官的"一条龙"，这"成功道路"中最关键的桥梁，是考试中最主要的内容——八股文。

八股文是由破题、承题、起讲、起股、中股、后股、束股、大结八个部分组成的议论文，由于字数和内容都有严格限制（三百或五百字一篇），且考官在阅卷时要在短时间内连续阅读许多题目一模一样、意思大同小异的"高考作文"，想让自己的"这一篇"一下抓住考官眼球，留下深刻印象并借此脱颖而出，就必须在文章结构安排上下足工夫，最讨巧的办法，就是巧妙借助八股文的结构形式，将原本有限的文章主题用起承转合、反复对比烘托的方法层层渲染。要知道明清科举对八股文的要求是结构规范、字迹不能有涂抹错误，不能跑题，所有议论都必须出自古代"圣贤"，不在文章结构上"做足花样"，还能有什么别的好办法呢？

这种起承转合、正着反着来回折腾的写法，被当时编写"高考教参"——"时文选"的出版商和编纂者们称作"一波三折"，并且他们在"教参"中指出，这种写法古已有之（中国古代读书人做什么事都喜欢讲个典故，要拉几位古人来帮衬），最出名的则是以唐宋八大家为代表的中古散文。这种说法并非没有道理：唐宋八大家中有六位是北宋人，宋代科举的主要考试形式是"策论"，这是一种较八股文体裁上稍自由的议论文体，而欧阳修和三苏都是写策论公认的高手，尤其是苏轼，时人有"苏文熟，吃羊肉；苏文生，吃菜羹"的说法，指苏轼的策论波澜起伏，意象万千，让阅卷者一见之下便爱不释手，是当时考生模仿的对象。苏轼的写法其实颇类后世八股，剔除钳制思想、个性一类的缺点，必须承认，较诸策论，八股文是更严谨精炼的议论文形式，苏轼用"准八股"去考策论，颇有些"穿越剧"主角用现代"法宝"欺负古人的"不公平感"。

当然，"一波三折"不一定指八股、策论，结构类似的散文也可以这么形容。清末民初著名文学家、翻译家林琴南曾赞扬欧阳修的名篇《泷冈阡表》，"至崇公口中平反死狱，语凡数折：'求而有得'是一折，'不求而死有恨'句又一折，'世常求其死'句又一折，凡造句知得逆折之笔，自然刺目"，这段话表明，"一波三折"的文章结构，其目的是在有限篇幅内尽可能制造曲折和悬念，增加有限文意的感染效果，从而达到"自然刺目"的作用，也表明直到此时，"一波三折"的含义仍主要停留在形容文章结构上。

那么，形容文章结构就是"一波三折"的本义吗？事实并非如此。"一波三折"最初出自王羲之《题笔阵图后》，是用来形容书法的。

《笔阵图》是西晋大书法家卫夫人所写、现存最早的楷书教学指南，王羲之是卫夫人的学生，《题笔阵图后》是作为学生，对老师这篇教学指南的"读后感"。在文章中，王羲之说卫夫人曾指点他"前后齐平，此不是书，但得其点画耳"，并提到曹魏时钟繇的学生宋翼在得到钟繇指点后书法突飞猛进，"每作一波，常三过折笔"，意思是说，在写"横"的时候不能写得太平太直，而要写出波澜曲折的效果，才更有感染力。

卫夫人是中国最早的楷书大家之一，也是承前启后的人物，其楷书中带有浓厚的"隶意"，即隶书的意味，不把横写得平直，而是写出"波澜"，正是隶书的鲜明特点之一。卫夫人是钟繇的学生，而王羲之在以"一波三折"形容老师的笔法时又特意提到"祖师爷"钟繇，其含义再明白不过。

直到宋代，"一波三折"仍然忠实于原本的意思，并没有被"误读"，宣和二年（公元1120年），由大书法家宋徽宗赵佶亲自下令编纂的宫廷珍藏书法作品评论集《宣和书谱》，就形容宫中珍藏的一卷"正书"《金刚上味陀罗尼经》"累数千字，终始一律，不失行次……但恨拘窘法度，无飘然自得之态，然其一波三折笔之势亦自不苟，岂其意与笔正，特见严谨，亦可嘉矣"。很显然，这里的"一波三折"所讨论的，也仍然是书法中的笔画，事实上，在较早的出处里，"一波三折"经常是被写作"一波三折笔"的。

不过，相对于另一些在流传演绎过程中含义"离题万里"，甚至与最初意思截然相反的"误读"，"一波三折"的"一再误读"之间仍可看出比较明显的传承脉络，属于对最初比较狭隘用法的多次"用途拓展"。

什么是"文武之道"？

在很久以前，央视有个收视率不亚于今天"中国好声音"之类的节目——"电视歌手大奖赛"，某年大奖赛上，一首《我多想唱》一炮走红，当年风靡一时。

就在这首歌最风靡的某一天，首唱这首歌的歌手赴南京参加了一次和中学生的互动活动，在谈到歌词内容时，这位歌手把其中两句"一张一弛是文武之道，莫把自己总是弄得那么紧张"作了演绎，对其中前半句的解读，是"学生要讲究劳逸结合"，而"文武之道"则被解释作"不论搞文化还是搞体育"。对此，当时在座的中学生代表也好，事后报道的在场媒体也罢，都没提出什么异议。大约两周后，当年小有名气的南京地方文化类周报《周末》在不起眼的版面上登出一篇"豆腐块",很含蓄地质疑"文武之道"一词是否被误读了,并向歌手和词作者提出疑问,但貌似并没有下文。

这事距今少说也有二十多年了,在这二十多年里,"一张一弛文武之道"或倒过来的"文武之道一张一弛"屡屡见诸公开出版、发表的文字,或被用于种种不同的场合,其含义都是"注重劳逸结合""强调紧张和轻松要保持适当比例"或"弦不能总是绷得太紧或放得太松,要松紧有度,相互交错",等等此类。

这些解读都是"正读",并没有什么误会之处,但认真地看一下就会发现,它们实际上都集中于诠释"一张一弛"这四个字上,那么,"文武之道"究竟是什么呢?

大多数这类解读对此都避而不谈,偶或谈及,则说得五花八门,莫衷一是,既有如前面那位歌手般解读为"文化和体育"的,也有将"文"诠释为"学文化、读书","武"诠释为"学武艺、练身体"的,甚至有将"文武"分别解释为"政治与军事"的。

这个误会可就有点太大了:"一张一弛文武之道"里的"文"和"武",并非如许多人所理解的那样,是指两门学问、两种技能,或两种个人品德,而是两位和"文""武"二字息息相关的古人——周文王姬昌和周武王姬发。

我们先来看看"一张一弛文武之道"的词源出处。

这个词出自《礼记·杂记下》,原文如下:"子贡观于蜡,孔子曰:'赐也乐乎?',对曰:'一国之人皆若狂,赐未知其乐也。'子曰:'百日之蜡,一日之泽,非尔所知也。张而不弛,文、武弗能也;弛而不张,文、武弗为也。一张一弛,文、武之道也。'"

《礼记》是后世儒家弟子叙述孔子在"礼"这一领域观点的著

作，所谓"蜡"并非制作蜡烛，而是指"蜡祭"，这一祭礼据传创自神农氏，指在每年腊月组织捕猎，并用猎物祭祀"司啬"。"司啬"是先秦的农业之神后稷，而周王室正是后稷之后，是夏、商、周三代中最重视农业的一代，鲁国和周王室同源，始祖是周公之子伯禽，因此，"蜡祭"也格外受到重视，显得十分隆重。孔子和子贡师徒所"观"的蜡祭，是祭祀和祭祀之后的盛大庆典，按照传统，祭祀后的庆典总伴随着盛大宴席和欢乐的文娱表演，因此，子贡才说"一国之人皆若狂"，并对此含蓄地表示不满，大约是觉得"不够严肃"，不符合祭祀应有的庄重吧。对此，孔子的解释是"百日之蜡，一日之泽"，是说民众为准备蜡祭辛苦捕猎、布置场地，忙碌已久，而祭祀后的欢庆随意不过短短一天，这一天的放松就和此前长达百日的忙碌一样，对于完成祭祀大典都是不可或缺的。

接下来关于"张、弛"的三段话，则都是在反复解释"一日轻松"和"百日忙碌"间的关系，孔子说，如果一味让民众沉湎于欢庆轻松，或一味逼着大家去辛苦操劳准备祭祀，即便是周文王、周武王这样的圣贤明君，也绝对办不好蜡祭这样重要的大事，"一张一弛"即"百日之蜡，一日之泽"的并重不偏废，才是"文武之道"——这也是周文王、周武王治理天下的窍要所在。

在这段《礼记》原文里，先后三次提及"文、武"，且前两次"文、武"之后所跟的是"弗能""弗为"这样的动词，再次清楚地表明"文、武"是人，而非学问、技能、品德之类抽象的东西。因此，尽管郑玄、杜预这样的注疏大师在注解《礼记》时都仅仅解读了"张弛"而对"文武"不着一墨，但从两汉直到明清，很少有人将"文武"误读，流传至今的许多清代科举"时文"（八股文），都曾

"破题"（八股文的开篇部分，直接解读所出题目的含义）这"文、武"二字，几乎没看见有谁"误读"了的。

事实上，直到当代，几乎所有词典、词源和其他语言类工具书上，对"一张一弛文武之道"中"文、武"含义的解释也都是明白无误的。那么，何以在实际运用中，却有众多当代人把"文武"二字误读为"非人类"的含义了呢？

照笔者看来，首先，随着时代的进步和科学知识的更新换代，一百多年前还是"学生基本功"的四书五经，如今已成为"国学提高班"的"选读进阶文献"，即便对中国传统文化感兴趣的朋友，也未必有耐心把四书五经（尤其难度相对较大的五经）通读几遍，就更不用说像科举时代读书人般滚瓜烂熟、倒背如流。当年读书人耳熟能详、认为根本无需训诂的"文、武"，如今除非专业人

士或古文爱好者，恐怕都很难在第一时间里想到姬昌、姬发，而多半会想到"文化和体育""政治和军事"之类；其次，在"一张一弛文武之道"这句成语中，"一张一弛"是核心意思，"文武之道"只不过是一句锦上添花的修饰语，许多听众即使对"文武"指人而非其他心知肚明，但碍于面子及抱着"反正主要意思没错"的念头不愿多计较，遂令误读越来越普遍，以至于浸浸然有压倒"正解"之势。

当然，标点符号也要负"一部分责任"：许多人在引述这句成语时，喜欢在"一张一弛"和"文武之道"间添上一个可有可无的逗号，却吝于在"文"和"武"之间加一个可以避免误读、减少歧义的顿号——如果"文武之道"被更精确地写作"文、武之道"，相信误读的人就会因此减少很大一部分了。

从飞鸟依人到小鸟依人

如果这会儿您接到一个久未谋面、事业有成的男性"发小"电话，闲聊之际他告诉您，自己身边正有个"做小鸟依人状的亲密伙伴"，您脑海里多半立刻会浮现出一个娇俏女性（哪怕不一定是少女）的形象吧？

这原本也是人之常情：从文艺小说到肥皂剧，从专业作家的作品到网络写手"堆流量"的网文，但凡用到"小鸟依人"这四个字，接下来跃入眼帘的多半是个如假包换的美女——不但必须是美女，而且还得是那种温柔羞涩、眉低眼顺的类型，"女汉子""女强人"或"运动宝宝"型美女还不在其列。

倘若这时有人告诉您，其实"小鸟依人"是对"飞鸟依人"这个成语的误读，按照已故相声大师苏君文茂的名言，"小鸟依人"是"错误"，"飞鸟依人"才是"正根儿"，您会作何感想？

什么？您想说："不就一个字嘛！"不管是飞鸟还是小鸟，反正只要"依人"，那就无疑是个娇俏羞涩的大姑娘小妹子吧。

这您可就错了，正所谓"一字入公门，九牛曳不出"，"小鸟依人"这个直到近现代才演变定型的俗语，在其漫长的"飞鸟依人"阶段，所形容的常常并非淑女或美女，而是如假包换的男性。

最早被形容为"飞鸟依人"的历史人物可是个如雷贯耳的名人：唐初大政治家、大书法家褚遂良。

褚遂良是名门之后，父亲褚亮在隋末先依附西北割据势力薛举，后归附当时还是秦王的李世民，成为所谓"秦府十八学士"之一。作为藩府亲信的子弟，褚遂良在李世民夺取帝位后的起点和"初始信任值"就高于常人，加上学识渊博，性情投缘，很得李世民器重。

《旧唐书》中记载，唐太宗贞观十八年（公元644年），李世民废黜太子李承乾，改立李治（后来的唐高宗）为太子，精神上受到重创，就在这一年，他曾和妻兄兼重臣长孙无忌论及身边亲近文臣的优劣，最后一个被点名的便是褚遂良，李世民说他"学问稍长，性亦坚正，既写忠诚，甚亲附于朕，譬如飞鸟依人，自加怜爱"。

在这段话之前，李世民曾直率批评对话者长孙无忌"妄相谀悦（乱拍马屁）"，在褚遂良之前被品评的人物中，也有唐俭（"事朕三十载遂无一言论国家得失"）、高士廉（"所少者骨鲠规谏耳"）等被他认为"缺乏实话实说勇气"的官员，因此"飞鸟依人"并非形容褚遂良百依百顺，而是说他生性温和，且发自肺腑地亲近李世民，让李世民自然而然产生喜爱、关照之意。

褚遂良生于隋文帝开皇十六年（公元596年），长李世民两岁，但从辈分上算，却可说是后者的晚辈，和生于北齐武平六年（公元575年）的高士廉、生于北周大成元年（公元579年）的唐俭这些与李世民甚至李渊平辈论交的老臣相比，固算年富力强，和长自己两岁的皇亲长孙无忌也不可同日而语，因此李世民在谈及他的时候，口气中自然而然带有一种长辈对晚辈的宽容和亲昵。

应该说，这个"原始版"的"飞鸟依人"虽然形容的是男性，且这位男性被如此"点评"时年已48岁，但"飞鸟依人"在这时却算得

上十足的"好评"，剔除性别因素，含义和今天被"误读"后的"小鸟依人"也相当接近。但接下来的演变就不怎么好了。

到了宋代，"飞鸟依人"不仅继承和发扬了用于形容男性的"光荣传统"，而且意思也从"好评"摇身变成了不折不扣的"差评"。最典型的例子，是《宋季三朝政要》里关于南宋后期权奸史嵩之的一段记载。

这本由元初一位南宋佚名遗民撰写的历史著作中，提到宋理宗赵昀淳祐四年（公元1244年），史嵩之的父亲史弥忠病逝。此前史弥忠病重，史嵩之照当时的官场规矩和礼教理应"留职停薪"去伺候父亲，但他唯恐一旦"请假"就可能丧失权势甚至官缺，一直对此装聋作哑；此刻史弥忠业已去世，照当时的制度，身为人子的史嵩之更应该开缺三年，为父亲"守制"，但史嵩之倚仗皇帝的宠信，继续以"夺情"（工作需要所以不得不化悲痛为力量坚守岗位）为由赖在右丞相兼枢密使（相当于总理兼国防部长）的要职上不肯下去，非但不肯下去，皇帝还下诏，让负责起草政府文件的学士院代拟一份诏书，为史嵩之"夺情起复"寻找一个冠冕堂皇的理由。

不少大臣、学者本来就对史嵩之专权不满，这下更是怒不可遏，纷纷祭起"古者忠臣必出孝子之门"（对父亲都如此不孝，对国家和皇帝的感情可想而知）的"大题目"弹劾史嵩之，其中最著名的是由黄恺伯、金九万等一百四十名太学生联名奏上的弹劾书。书中痛斥史嵩之"视父死如路人，方经营内引，摇尾乞怜，作飞鸟依人之态"。很显然，在这里，"飞鸟依人"是指为谋求私利奴颜婢膝，刻意放低姿态，对权贵阿谀奉承，不但是"差评"，而且差到了

那些常识的真相

极点(弹劾书的作者们表示"罪莫大于不孝""置之铁钺犹不足谢天下"，意思是砍了都不冤)。

不过，随着岁月的流逝，"飞鸟依人"的含义渐渐变得越来越接近今天的"误读版小鸟依人"。清代绍兴画家冯仙湜写了本图文并茂的名人录《图绘宝鉴》，其中有一卷是专门收录才女的，里面形容一名"善画兰、亦工诗"的才女叶文，就用到了"风姿绰约，如飞鸟依人"的说法。很显然，这个"飞鸟依人"不仅恢复为"好评"，而且用来形容女性风采，和今天"小鸟依人"的含义已几乎分毫不差了。

那么，"飞鸟依人"又为何变成"小鸟依人"？这个就不容易说清楚了。不过，汉语中定语形容词的丰富，是和白话文学的普及以及新文化运动的影响分不开的，事实上，自晚清通俗小说大行于市，"小鸟依人"的用法便不胫而走，而一字之差的"飞鸟依人"反倒近乎销声匿迹了。

铮铮铁骨原本没那么"值钱"

如果说起"铮铮铁骨",当代人一般都会本能地联想起"烈士""好汉"或"英雄"之类响当当的名词。"铮铮铁骨"高频率地出现在纪念、追悼这些仁人志士、英雄好汉的祭文标题、挽联碑文上,让英雄们永垂不朽的同时,也在无形中抬高了这个响亮辞藻自身的"含金量"。

对"铮铮铁骨"一词的"含金量",当代许多文人墨客也是充分认可的。大文学家柯岩在《美的追求者》一文中写道:"狂风暴雨刮走的只是枯枝败叶,留下的却是铮铮铁骨。"这段话借指执着追求绘画艺术完善的"美的追求者"韩美林,但一语双关,借物喻人,倘说他用这个词形容树木的卓然傲立、不避风刀霜剑,也同样可以成立。

《成语词典》上一语概括词义——"铮铮铁骨"，用来比喻人的刚正不阿、坚强不屈的骨气（事实上也可以以人拟物，比如我就曾看到过称赞春梅、雪松等"铁骨铮铮"的）。总而言之，铮铮铁骨不但是褒义词，而且还是比较"高级"的那一类，一般人物想用，恐怕还未必够格。

但这种理解实际上是一个不小的误读：原始出处里，"铮铮铁骨"是写作"铁中铮铮"的，可远没有今天人们所想象的那么"值钱"。

这个词的最早出处，是《后汉书·刘盆子传》。刘盆子是西汉皇族，由于王莽篡汉，大批刘氏子弟丧失地位，本来就不景气的刘盆子家族自然也难免遭殃，刘盆子本人更落魄到给人放牛的地步。

王莽天凤四年（公元17年），天下大乱，绿林、赤眉等纷纷起兵反抗，刘盆子一家在乱世中被赤眉军裹挟，最初并没有受到重视，但随着王莽的新朝崩溃，取而代之的刘玄更始"汉朝"不能服众，各地纷纷涌现出打着"汉朝"名号的割据势力，拥兵数十万的赤眉为显示自己"名正言顺"，便打算通过抽签方式"筛选"一个"大汉皇帝"，结果原本在军中放牛的刘盆子成了这次"抽签海选"的幸运儿，于公元25年被推举为"大汉皇帝"，年号建世。

可怜的是赤眉军人数虽多，组织、纪律却涣散得完全不成样子，虽然占领了都城长安，却弄到"食尽众散"、不可收拾的地步，不得不裹挟着"皇帝"刘盆子放弃长安，打算逃回山东老家，结果被刘秀（东汉光武帝）的大军前后堵住去路，惊慌失措之际，实际控制"建世朝廷"的赤眉军首领樊崇、徐宣等，居然派刘盆子的哥哥刘恭向刘秀哀求："盆子将百万众降，陛下何以待之？"几十万人马不战而降。

得意洋洋的刘秀为炫耀自己的能力和度量，在受降仪式上故作大方地对樊崇、徐宣等说："如果后悔就回去准备好了再打一仗，我可不逼你们非投降不可。"面对全副武装的东汉大军和志得意满的刘秀，刘盆子、樊崇战战兢兢，语无伦次，只有徐宣从容回答"百姓可与乐成，难与图始"（解释自己为什么主动放弃长安，弄到如此狼狈），投降是知道"天命所在"，就好像"去虎口归慈母"，是"诚欢诚喜无所恨"的大好事。

这段话虽不免有马屁之嫌，却还算得上不卑不亢，大方得体，对此，刘秀也颇感惊讶，便称赞徐宣："卿所谓铁中铮铮，庸中佼佼者也。"

刘秀自己也曾经造过反，并参加过绿林军，但和刘盆子相比，他原本的家境要好得多，本人又是中国历史上"学历"最高的皇帝（西汉长安太学生），而且相对于赤眉军，绿林军显得"高大上"很多，不少各级将领要么是西汉皇族、将相之后，要么是郡县豪强大姓。而赤眉军就显得太过"草根"，造反好几年都显得"不成体统"，用涂红眉毛来识别敌我已属儿戏，打了胜仗要自立门户，却因为见识粗陋，硬是想不出什么帝王将相的美名，最高首领樊崇鼓足勇气，才自称了个"三老"（村长），徐宣等第二级别的首领则只能自称"从事"（村干部），赶时髦扶了个刘盆子当"大汉天子"，也是搞得跟"角色扮演"一样不伦不类。正因如此，刘秀对赤眉和赤眉军各级首领都颇为不屑，所给予的"重视程度"和"政治待遇"都远非对绿林可比——尽管从更始朝廷脱离，但刘秀在刘玄被赤眉杀害后仍追封其为淮阳王，并在整个东汉朝都维持了其"荣誉称号"，愿意归附的更始将相也都得到优厚待遇，甚至参与加害刘秀亲哥哥刘缤的更始大将朱鲔，投降后也被封为扶沟侯、少府，"传封累世"。而赤眉呢？刘恭乞降时，刘秀的回答是"待汝以不死耳"（能活命就很不错了），在他看来只是个傀儡、可怜虫的刘盆子，不过赏了个"赵王郎中"的芝麻绿豆官，樊崇、徐宣则连芝麻绿豆官都没混上，只获得"宅一区田二顷"的些许财物补贴。

在刘秀这个"高级知识分子"看来，赤眉君臣不过是见识浅薄、言辞鄙陋，连贼都做不了"高级贼"的乡巴佬，当时又正逢自己大获全胜，对方任由宰割的"巅峰时刻"，鄙夷之气可谓毫不掩饰。恰在此时，徐宣说出了前面那番颇有条理和分寸的言辞，不免让刘秀对这几个失败者有一点点刮目相看——没想到你们当中也有偶尔能把话说通顺了的人。

但这个"刮目相看"也只不过"一点点"而已，"铁中铮铮"的后半句是"庸中佼佼"，"佼佼"的意思固然是"出色"，但"庸"却是"平庸"的意思，这四个字合起来，意思是"蠢材中不那么蠢的一个"，后半句不过如此，前半句"铁中铮铮"，含义自然不问可知。从《后汉书》下文看，刘秀不过是稍稍减少了一些耀武扬威，却仍然把赤眉君臣羞辱了一番，此后对他们也并没有变得更客气。

汉代的冶铁业虽有发展，但毕竟还不发达，最常见的铁仍然是杂质较多、不堪大用的熟铁，这种熟铁碰撞发出的声音是沉闷的。而将熟铁鼓风吹炉，加热锻打一番后，铁中杂质会减少一些，铁的品质、价值都会有所提高，而这种锻打铁碰撞的声音，会比熟铁响亮、清脆，刘秀所说的"铁中铮铮"，就是指这种被锻打过一番两番的熟铁块——而要真正"炼成精钢"，则需要十次、百次的反复锻打（称作"百炼钢"），《太平御览》里说诸葛亮让蒲元等名铁匠制造兵器，铠甲用钢要"五折"（五遍锻打），长矛矛尖用钢要"十折"，而出土文物有刻着"卅炼"（锻打三十遍）字样的钢刀，这些钢铁能打造最精良的武器装备，因此弥足珍贵。很显然，徐宣在刘秀心目中，还"铮铮"不到这些"良材"的地步。

到了后世，冶铁技术突飞猛进，随着冶铁炉温的上升，反复锻打的"百炼钢"技术迅速变得过时，与熟铁锻打"配套"出现的"铁中铮铮"，也因此渐渐失去了原本"只比最烂好一点"的"六十分"含义，并在不断误读后被赋予了"刚正不阿""坚贞不屈"的更"高贵"属性。

从"每下愈况"到"每况愈下"

笔者的台湾诗友张大春先生写过一本蒙学小书《认得几个字》，蒙他厚爱，寄赠一本，其中谈到"每况愈下"应是"每下愈况"的误读，他还曾在一些网络平台上随手"纠错"几例误用，对此一些读者表示赞同，另一些读者却不免撇嘴——就你用得对？不就词序颠倒了一下吗？

问题不仅是"词序颠倒了一下"那么简单：张大春先生所言"每况愈下"是"每下愈况"的误读半点不假，但和许多被误读的成语不同，这两个词的误读过程非常简单，严格地说就是"一闪念"的工夫便"乾坤颠倒"了。

"每下愈况"的出处是《庄子·外篇·知北游》。文中有位叫东郭子的人问庄子"所谓道恶乎在"（你整天挂在嘴边的那个"道"究竟在哪儿），庄子说"无所不在"，东郭子刨根问底"究竟在哪"，在被连连追问的情况下，庄子接连说出"蝼蚁""稊稗"（杂草）"瓦甓"（瓦砾破罐）"屎溺"（大小便）等在东郭子看来"一个比一个矮矬穷"的"道之所在"。面对东郭子的不解甚至嘲笑，庄子直言"夫子之问也，固不及质"（你根本没问到点子上），"正获之问于监市履狶也，每下愈况"。

"正"是先秦市场监督人员的职位名称，"获"是这位"正"的名字，"监市"是"正"的手下，"狶"则是大肥猪。这位"监市"有一手绝活，就是用脚踩几下就能知道市场上卖的每只大肥猪的肥瘦斤两，准确到八九不离十的地步。"正获"很好奇，就问他诀窍所在，"监市"说"每下愈况"，意思是说自己用脚不断往猪的下身去踩，踩的部位越靠下，对猪的肥瘦斤两了解得也就越清楚（"况"的本义就是"清晰明了"）。庄子借这个比喻向东郭子解释"道无所不在"的道理，劝告对方不要太执着拘泥于某些自认为"一定有道"的事物或所在，而要不耻于去细微、卑下的任何地方去探究"至道"（最深刻的道理）和"大言"（最有价值的名言警句）。

《庄子》在诸子百家著作中属于出了名晦涩难懂的，尤其是被认为很可能出自弟子或比附者之手的《外篇》《杂篇》诸篇章，这种情况就更严重一些，许多研究者认为，这或许是因为道家讲究玄妙，这些伪托庄子的"代笔作者"需要让自己的文笔显得更"玄乎"一些，以打动那些慕名而来的"问道者"。尽管如此，在这篇《知北游》中，"每下愈况"这四个字的含义还是简单明了、一目了然的，"下"是方位上的向下，但也隐含"卑下"的意思，"况"则是

那些常识的真相

清楚、明白之意，"每下愈况"全词的含义正是"越往细微卑小处探究，越能把事情弄清楚"。

这四个字不论拆开或组合在一起，含义都十分清楚，照理很难产生什么歧义或误读，因此从先秦到北宋间的一千多年里，几乎找不到对"每下愈况"这个词的其他阐发，直到南宋光宗绍熙三年（公元1192年），才出现了有迹可查的第一次误读——而且一误就误到"每况愈下"上了。

洪迈当时是宋光宗的词臣，也是有名的博物学家，他在绍熙三年三月初十推出了一套十六卷杂学笔记《容斋随笔》，其中第八卷

第一篇《蓍龟卜筮》是专门讽刺一知半解、不学无术却大言炎炎、自抬身价的算命先生的。他写到"五星、六壬、衍禽、三命、轨析、太一、洞微、紫微、太素、遁甲，人人自以为君平，家家自以为季主，每况愈下"。"五星、六壬……"云云，都是算命卜筮的术语和流派，"君平"指西汉末年蜀中卜筮名家庄君平，此人因曾当过大文学家扬雄的启蒙老师，并被认为准确预言王莽篡汉而名声大噪，号称"蜀中八仙"之一；"季主"则是西汉初年楚国（今天苏北一带）卜筮名家司马季主，他曾在长安东市以卜筮为业，曾在当年著名学者贾谊、宋忠问卦时说出"上位者不可务华而丧其身"（地位高的人不能够因为贪慕虚荣而自惹灾祸）的名言，受到时人高度评价，并被史学家司马迁收录进《史记·日者列传》，因此成为后世算命先生尊奉的偶像、业内明星。洪迈讽刺和他同时代的那些算命先生自视甚高且热衷自我吹嘘，几乎每个人都自比庄君平、司马季主这样的一流高手，并以这些人的"身价"行走江湖，"藉手于达官要人，舟车交错于道路"，试图谋取功名利禄，结果则"毁誉纷纭而术益隐"，人们对这些算命先生评价褒贬不一，而卜筮这项"学问"的名声却越来越差了。在洪迈看来，之所以如此，正是因为这些当代"庄君平、司马季主"们非但有名无实，而且"每况愈下"——一个不如一个，导致连累了"全行业"的清誉。

在洪迈笔下，"下"的意思是低下、糟糕，"况"则既可解读为"情况、状况"，也可解读为"细节"。"每下愈况"中"下"是名词，"况"是形容词；而"每况愈下"则颠倒过来，"况"才是名词，而"下"反倒成了形容词。组合的错位导致两个"组词元素"都相同的四字成语，出现了意思的大相径庭。

那些常识的真相

洪迈不仅是大学问家,而且涉猎广泛,熟读老庄著作,于情于理,都是不可能把"每下愈况"的本意误读和错用的。再者,由于宋光宗很喜欢读笔记,且曾亲口告诉洪迈"读过且很爱读你的《容斋随笔》",因此洪迈很清楚《容斋随笔》有相当大的概率成为皇帝的"课外读物",写作时更势必字斟句酌,力避可能的语句"硬伤",之所以在自己的著作中用"每况愈下",可以被理解为"故典翻新"——借用故典和前人章句中的元素重新组合演绎,"发明"出一个崭新的词汇。这样造出来的新词对有一定文化修养的读者而言,会显得亲切、熟悉,更容易理解,却又实实在在是一个具有"自主知识产权"的新典。

正因为"每况愈下"并非真正意义上的"纯误读",而是知名学者在充分理解词源本意基础上的刻意"翻新",因此和中国古代许许多多其他的误读不同,从"每下愈况"到"每况愈下"间并没有一个逐渐演变的过程,而是"说变就变"。

不仅如此,在洪迈之后,"每况愈下"和"每下愈况"这两个词也仍然长期并行不悖,大多数使用者也很清楚二者间词意的差异。只是越往后"每况愈下"用得越普及,而"每下愈况"则越"小众",这或许和《容斋随笔》是文人笔记中相对通俗易懂的,而《庄子·外篇》则既不容易通读,又非科举时代博取功名的"必修课本"有关吧。

张大春先生对"每下愈况"和"每况愈下"差异的解读并没有什么问题,但一些借此阐发者却据此产生"丰富联想",比如有人在媒体上发表文章,煞有介事地称,既然"每况愈下"本是"每下愈况"的误读,那么现代人写文章用到"每况愈下",就应该"改正"

为"每下愈况"才是。

　　这就是更大、更可笑的误读了：如前所述，"每下愈况"和"每况愈下"的语意是截然相反的，前者带有褒义，而后者则带有贬义，且实际上两种用法都尚未"死亡"，只是后者用得更普遍一些而已。倘若按照这些自作聪明者的高见将二者混淆，说出"这位田野调查者深入采风每况愈下"，或"巨额债务危机导致希腊经济每下愈况"之类莫名其妙的话，恐怕是要贻笑大方的。

"穷且益坚"的"穷"是"贫困"之意吗？

　　传诵千古的文学名作《滕王阁序》是一篇名言警句累累不绝的骈文，但或许因为骈文在形式、用典上过于考究，千百年来，人们对这篇许多人能通篇背诵的文字颇多争议，比如"落霞与孤鹜齐飞，秋水共长天一色"中的"落霞"究竟是什么，有说"晚霞"的，也有说"飞虫"的，口水官司直打了一千多年也未得分明。

　　但对于其中另一段脍炙人口的名言警句，即"老当益壮，宁移白首之心；穷且益坚，不坠青云之志"中那个"穷且益坚"的"穷"字，许多人的解读却是不假思索的——穷，那不就是没钱么？

　　联系上下文，把这个"穷"解读为"贫困"似乎顺理成章："穷且益坚"照此可以解读为"越是没钱越要信念坚定"。有传说称，当时王勃因为写了篇《戏斗鸡檄》的玩笑文字,弄得灰头土脸,只好去洪州都督(洪州即南昌,洪州都督相当于南昌卫戍司令)阎伯屿的公宴上打秋风,《滕王阁序》正是公宴上和他人比文博彩之作。很显然,如果这个传说是真的,那么把"穷且益坚"的"穷"理解为"没钱",就顺理成章了。

然而史实和传说其实还是有一些差距的。

王勃的确写过《戏斗鸡檄》,但他倒霉却不是因为这篇游戏文章,而是因为畏罪擅杀官奴,但抵达南昌时罪名已经赦免,他路过南昌并非因穷困潦倒到处"化缘",而是前往交趾(今越南,初唐时北部在中国版图内)探望父亲,由于是前任官员,又是名满天下的文学家,因此被邀请参加恰好在他抵达南昌时举行的一次公宴,并有幸瞻仰了重修不久的滕王阁。可以说,此时的王勃政治上有些落魄,一肚子怀才不遇的牢骚,但经济上却并非特别穷困,毕竟他出身簪缨世家,经济上有充分保证,且自长安万里探望父亲,"穷家富路",身上也绝不至于缺乏钱财,否则以初唐对门第的推崇,他一个年纪轻轻就丢官罢职的过路人,是不太可能被东道主邀请参加一场名流高官云集的公宴的。

认定"穷且益坚"的"穷"并非"贫困"之意的最关键证据,来自这个词的原始出处。

就连许多工具书都言之凿凿,将"穷且益坚"和"老当益壮"两个成语的"原创版权"归于王勃,这真是天大的误读:这两个成语的出处不是《滕王阁序》而是《后汉书·马援传》,说这番话的是东汉初年的名将马援。

王莽时,马援担任边郡督邮(执法官)时奉命押送犯人去受

那些常识的真相

审，因可怜犯人无辜而擅自将其释放，自己逃亡至北地郡（在今天甘肃省庆阳市一带），被赦免后见世道混乱，不愿为官，就留在当地从事农牧业。就是在这个时期，他说了"丈夫为志，穷当益坚，老当益壮"这句名言。

根据《后汉书》的记载，这个时期的马援虽然未曾当官，但因家产雄厚（茂陵马氏源于战国时赵国名将马服君赵奢，虽"再世不显"，但仍算著名的世家大族）和本人经营有方，成为西北一带著名的大富翁，"役属数百家"，"有牛马羊数千头，谷数万斛"。很显然，马援说"穷当益坚"时非但一点不穷，而且"富得流油"，这个"穷"显然绝不可能是"贫困"之意。

王勃在《滕王阁序》中所用的"穷且益坚、老当益壮"虽被分拆在出、对两句中，但与《后汉书·马援传》中所载仅有一个字的出入，可以断定，王勃此处是在借用《后汉书·马援传》的典故，以马援的"穷当益坚、老当益壮"自况、自励，身为文豪的他显然是熟悉这段典故的，因此才能在即兴创作中不假思索地一挥而就。

说来说去，"穷且益坚"（或"穷当益坚"）的"穷"，到底是什么意思呢？

其实，这里的"穷"是个通假字，和窘迫的"窘"意思、读音完全相同，马援说自己"穷当益坚"，是激励自己即便面临政治上被"边缘化"的窘迫境地，也要坚持信念，不向命运低头。马援后来成为西北名士，"往来三国"（东汉刘秀、西蜀公孙述、陇西隗嚣），受到各方重视，再后来更成为光武帝刘秀的儿女亲家和东汉名将，马氏家族和阴、王、郭三姓成为东汉累世传承的著名后戚大族。

王勃在写《滕王阁序》时的境遇和流落北地时的马援颇为相

似——经济上不愁饱暖，却陷入政治生涯的低谷，说是"窘迫"并不为过，他在这里触景生情，借题发挥，化用了马援的成典，显然含蓄表达了希望自己能像马援那样最终走出政治低谷，建功立业，重新获得仕途上成功的志向。由此可见，《滕王阁序》里的"穷"，和《后汉书·马援传》中如出一辙，都是"窘迫"之意。

和"窘"通假的"穷"在古汉语中并不算很少见，其中最著名的一例，是《道德经》中的"多言数穷，不如守中"，这里的"数穷"，意思是"陷入窘困的定数"，对于这一点，《道德经》最著名的注释者、曹魏玄学家王弼写得很简洁清楚——"穷者，窘也，困也"。

由此可见，将"穷且益坚"的"穷"理解为"贫困"，可谓"双重误读"：既会错了意，也读错了音。

"走马观花"的"走"是什么意思？

　　"走马观花"是一个在今天被频繁使用的成语，稍稍有心的朋友还会知道，这句话出自唐代诗人孟郊中进士后所写的《登科后》，原句是"春风得意马蹄疾，一日看尽长安花"。

　　"走马观花"这个成语虽然用得不少，许多人却用得并不那么准确。

　　如某篇正式发表的游记中，作者以第一人称的口气，称自己"开始了走马观花的约以巴（指约旦、以色列和巴勒斯坦三地）9日行"。这三地相距很近，幅员有限，作为一名外国游客，花9天时间去旅行，速度虽不说很慢，但绝对谈不上一个"快"字。

　　还有一位作者在自己的散文中就什么是"走马"大加阐发，

称之所以"走马可以观花"是因为"马是有灵性的，不像笨拙的汽车，时刻得紧绷着神经"，更具体地说，"走马"的状态是"掌些快慢，尽可信马由缰"。很显然，在这位作者的思维定势中，"走马"的速度可以快也可以慢，而且慢的时间还会更多一些。

更多朋友在使用"走马观花"一词时，主要用于形容"匆匆忙忙""潦潦草草"，囫囵吞枣地行事。这种用法本身倒并无什么不妥，但"走马"究竟本意是什么，或更具体地说，什么叫"走"？

其实，在相当长一段时间里，汉语中的"走"并非今天"行走"的意思，而是在说"跑"。

古汉语中有"奔走"一词，但并没有"奔跑"的说法，"奔"和"走"是同意，"奔走"合在一起，就和"欸歔""驰骋""听闻"等类似结构的文言用词一样，是通过重叠用语强化同一个概念，"奔走"就是"更卖力地跑"。一些朋友以为"走"的意思和现代汉语一样，把"奔走相告"这样的成语理解为"或者快跑或者慢慢走地相互告诉"，就出现了误读——其实这四个字的本意是："迅速地跑来跑去，以便把消息尽快传递给所有人。"

古代文献中用"走"来形容现代汉语里"跑"的意思，可谓比比皆是，如《史记·李将军列传》，汉武帝派去李广军中学习射箭的"中贵人"（高级宦官），一次在战场上遭遇匈奴善箭术的"射雕者"，伤亡惨重，不得不"走广"，"广"是飞将军、神箭手李广，"走广"，是指"中贵人"为了摆脱险境赶紧催马拼命跑到李广所在的位置。从前后文中可知，当时战场状况十分危急，"中贵人"身边卫士大多伤亡，如果不拼命疾驰，"中贵人"性命难保，这个"走"显然只能是指"跑"，而且还是快跑。

那些常识的真相

《三国志·蜀书·先主传》中说刘备在小沛被吕布击败，"败走归曹公（曹操）"，裴松之注中引《英雄记》对同一史实的记载，说刘备当时"单身走"，吕布"获其妻息"（俘虏了刘备的妻子和儿子）——不但打了败仗，连老婆孩子都顾不上了，这样的"走"，自然不仅仅是"跑"，而且还是逃跑。《三国演义》里，东吴一干谋士讥讽刘备时往往把"败新野走当阳"或"败新野走樊城"挂在嘴边，这段"黑历史"是刘备一生中最惊险、最窘迫的关节，很显然，这里的"走"同样是指"仓皇逃跑"。

　　《战国策·楚策》中讲述了一个脍炙人口的"狐假虎威"故事，说老虎抓住了一只狐狸，狐狸急于脱身，就说："我是百兽之王，

所有动物都怕我，你不能吃我。"老虎将信将疑，就带着狐狸一起去找百兽印证，结果"兽见之皆走，虎不知兽畏己而走也，以为畏狐"，上了狐狸的当。这里的百兽看见老虎"皆走"，显然绝不会是如前面阐发"走马"的当代朋友所理解的那样"尽可信马由缰"般从容，而是唯恐爹妈少生一条腿般玩命跑得越快越好。

孟郊出生于唐玄宗天宝十载（公元751年），唐德宗贞元十三年（公元797年）中进士写下《登科后》，在被公认为"走马观花"出处的两句诗中并未出现"走"字，却有许多形容"快"的词，如"马蹄疾""一日看尽"，后人用一个"走"（跑）加以提炼概括，可谓恰如其分。比孟郊稍晚的晚唐诗人李商隐写过一首著名的七律《无题》，最后一联是"嗟余听鼓应官去，走马兰台类转蓬"，这首诗描写正与意中人一同参与欢宴游戏，身为下级官吏的李商隐游兴正浓，却被催促赶紧上班的"兰台鼓"惊醒，不得不赶紧"走马"奔去报道，他用"类转蓬"（很像被秋风吹得到处飘转的枯草）来形容自己"走马"的凄凉、匆忙和狼狈，这首《无题》可能是最早出现"走马"的地方，很显然，这里的"走马"也仍然是"跑马"。

除了"跑""逃跑"外，"走"在古汉语中还有"赶跑""让别人跑"的"使动用法"引申义，这一种用法最早普遍见于《战国策》，如《魏策三》中有"秦败魏于华，走芒卯而围大梁"，秦国在今天华州一带击败魏国大将芒卯，使后者仓皇逃命，并趁势包围了魏国首都大梁；《秦策三》中说秦昭襄王听从范雎的计策，"废太后，逐穰侯，出高陵，走泾阳于关外"，最后提到的"泾阳"指秦昭襄王的弟弟泾阳君公子悝，"走"是"赶跑"——既然都动手"赶"了，当然不会容你慢慢溜达。

事实上，直到近代白话文兴起，"走"才渐渐有了"慢走"的意思，在那之前的漫长岁月里，"走"的意思都是"跑""赶跑"或"被赶跑"，而现代汉语中"走"的意思，在过去是用"行"来表达的。

今天的"走"意思虽然有了很大变化，但汉语是一种富有传承性的语言，如"走马观花"这样源自文言的成语，其中的"走"仍然是"跑"的意思，如果理解错，就会出现误读和误用。此外，有些固定用法，如"赶走"，其中的"走"其实仍然是"跑"的意思，但理解为现代汉语意义上的"走"也是说得通的。

说了半天"走"，那么古代有没有"跑"字？如果有，含义又是什么？

古代是有"跑"字的，但读音和含义都和今天的"跑"有不少区别——它是"刨"的通假字，甚至某种意义上"刨"比"跑"出现得恐怕更晚，意思是"动物用爪刨地"。号称"天下第三泉"的杭州虎跑泉，所谓"虎跑"，就是指这眼泉水传说中正是老虎用爪子刨地刨出来的。

"洪荒之力"有多大？

2016年里约奥运会上，中国游泳选手傅园慧一句"洪荒之力"，不但让她本人一举成为超级网红，也无意中把"洪荒之力"这个词炒得热火朝天。"洪荒之力"风靡一时，网上有许多人在用这个词，流行网文、自媒体报道和"标题党"们也是张口就来，甚至在许多平台上，已有人或引经据典，或插科打诨，给"洪荒之力"做起训诂来。

四个字中，"之力"两个字没什么需要多解释的，但凡在中国拥有相当于小学毕业文化水准的，都该知道"之"在这里是"的"，力则是"力量"。要训诂，自然只能把力气花在"洪荒"二字上。

话说一百年前，中国最普及的儿童读物是三本小书，曰《三字经》《百家姓》《千字文》，即便贩夫走卒，认不得几个大字的人，这三本小书也能背上小半本。"洪荒"二字，就赫然出现在《千字文》的头两句，即"天地玄黄，宇宙洪荒"。

不过，《千字文》的编纂者是南朝梁的周兴嗣，对于一个有几千年文字历史的国家而言，实在算不得太古老，且大家也都知道这部书实在有些"不够档次"，一些训诂爱好者绞尽脑汁，"使出洪荒之力"，考据出"天地玄黄"出自《周易》，"宇宙"出自《淮南子》，而"洪荒"呢，则被说成是出自西汉末年扬雄所撰《太玄经》。

"天地玄黄"和"宇宙"都是"洪荒"前面的文字，和"洪荒之力"可以算沾边。其中"天地玄黄"出自《易经·坤文言》，原文是"天玄而地黄"，按照《说文解字》和《小尔雅·广诂》的解读，"玄"是黑里透红，"玄""黄"分别指"开天辟地之初"天和地最初的混沌颜色。

"宇宙"呢，则的确出自《淮南子》，《齐俗训》中说"往古来今谓之宙，四方上下谓之宇"，《天文训》中则说"道始生虚，虚廓生宇宙，宇宙生气"，通俗地说，"宇"是空间概念，"宙"是时间概念，合在一起则意味着"四面八方脚下、过去现在未来"的一切。

问题在于，和"洪荒之力"有直接关系的"主菜"——"洪荒"两个字，扬雄版《太玄经》中根本没有。

笔者曾把薄薄一本小册子从头翻到尾，不论正文、训诂，都看不见"洪荒"二字在哪个地界藏着。

难道是笔者的版本不对？为查个究竟，笔者在网上找到了所有能找到的六七个《太玄经》电子版，直接用关键词搜索的办法考证，答案是"真的没有"。

此次网络搜索的意外收获，是发现台湾学者刘宗平先生2014年12月发表于《中华科技史学刊》第19期的文章《天地玄黄试释》，其中谈到考据"洪荒出自《太玄经》说"时称，他在"网页资料"上看到有人说"洪荒之世"是扬雄《太玄经》里的文字，就"遍查《太玄经》和《汉书》的内容"，却"不见'洪荒'或'洪荒之世'的踪迹"——很显然，说"洪荒"典出《太玄经》是一种误读，或再说明白一些，是始作俑者的误读或杜撰，以及随后跟风"装十三"者的取巧和懈怠。

既然"洪荒"并非出自《太玄经》，那么就只能从《千字文》的字面上来理解。根据《千字文》的注解，"洪"的意思是"大"，

"荒"的意思是"久远","洪荒"合在一起,则是广大而久远的事物。

《千字文》是儿童识字课本,讲究全文无一字重复,且还要押韵,因此文章的意思就显得有些半通不通的,不但一般人看得晕头转向,即便大学者也往往只能猜个大概,比如胡适先生,就在其《慈幼的问题》一书中困惑地说,"又如《千字文》上的'天地玄黄,宇宙洪荒',我从五岁时读起,现在做了十年大学教授,还不懂得这八个字究竟说的是什么话"。当时胡适先生正推崇白话文教育,这几句带有一定情绪,当不得真,其实作为一篇儿童读物的开篇,这八个字形容的,无非是古老、原始的"开辟之初","洪荒"和"宇宙"一样,是用于形容"天地玄黄"时究竟是怎样的状态的形容词。

很显然,不论按照古人或现代人的思维模式,"天地玄黄"都是指既混沌又原始的状态,属于世界和人类的"婴儿期",如果非要用"洪荒"这个词来形容一种"力",那么也只能是一种既混沌又原始的力量。按照古人的传说,"天地玄黄"时人类的武器,不过盘古的一把石头斧子,要等到"黄帝作五兵",人类的战斗力才慢慢强大起来;而按照今天读者们的知识面就更容易理解了——且不说天上的隐身战机,海里的航母和地上的坦克,就算最大众化的枪炮弹药,也比"宇宙洪荒"时的石斧、骨箭镞和木棍强大得太多。那么,"使出洪荒之力"究竟是多大的力气?赶时髦用"洪荒之力"形容自己用了很大力量,又算不算误读?

傅园慧随口用了"洪荒之力",很可能是不小心从网文中看来的,而刘宗平先生也说,自己至少在2014年就看到了"洪荒典出

《太玄经》"这一莫名其妙的误读说法,而这种说法来自"网页资料"。笔者好奇,在网上随手一搜,的确找到了好几本这样的东西,比如署名"邪炎之妖"的《洪荒之鸿蒙大道》,说有一本《洪荒太玄经》,署名"半斤桃园"的《太玄经》则确凿出现了"洪荒之世"的说法,署名"小盗非盗1"的《白首太玄经》说"洪荒之世"出自扬雄;署名"醉卧花间"的《太玄经》章节目录中则赫然出现"洪荒兽神"的名目……很显然,所谓"洪荒典出《太玄经》",真相不过如此,而这无数有口无心,沿用这一错误说法的网文作者中,究竟谁是错误典故的"原创",恐怕就算使出"洪荒之力",也很难查个水落石出了。

"学而不厌"是不厌倦学习吗？

"默而识之，学而不厌，诲人不倦，何有于我哉"是什么意思呢？

这段话来自中国沿用时间最久的"高小语文课本"，有两千多年历史的《论语》第七篇《述而》，该篇实际上是孔子以一个教师的身份阐述自己的"教学心得"，在"学而不厌"这三句话前，孔子将自己比作同宗的殷商史官老彭，"默而识之"的"识"读作"志"，意思是标注、铭记，这句话是说孔子一旦发现知识点就会不声不响地记下，"诲人不倦"是说教导学生从不感到疲倦，"何有于我哉"有两种解读，一种认为是"除此以外还有什么呢"，是一种谦逊的措辞，另一种则认为是"这样做对我又有什么好处"，带有一种自嘲、悲伤的口吻，强调自己这样做完全是为了理想和学生，不论从字面上的意思，或上下文的联系，后一种解读似乎更贴切一些。

于是又回到开头的问题——什么叫"学而不厌"？

今天的很多人，其中包括一些老师，会将"厌"照今天最常见的词义解读为"讨厌、厌倦"，认为"学而不厌"的意思就是"刻苦学习而不厌倦"，在许多人看来，这一解读合情合理，完全可以自圆其说。

但实际上，先秦的"厌"最初并没有"讨厌、嫌弃"的意思，这里的"厌"是它的本意——满足。"学而不厌"的意思是"刻苦学习，永不满足"。

如果仅仅说"学而不厌"，即便"误读"其实也并不妨碍对大意的含糊理解。但倘若单单说"厌学"两个字，混淆"讨厌"和"满足"这一个"厌"字的两种不同解读，就可能闹出大笑话来。

比如孔子的大弟子颜回是个穷人，《史记·伯夷列传》里说他"糟糠不厌，而卒早夭"，"糟糠不厌"的意思是"连糟糠都吃不饱"，而非"不讨厌糟糠"（其实是很讨厌的）；《战国策·韩策》里张仪就说韩国幅员狭小，"一岁不收，民不厌糟糠"，这是说韩国只要有随便哪一年收成不好，老百姓就连吃糟糠都填不饱肚子。但今天，不少人在使用"糟糠不厌"这一成语时，常常将之与"糟糠自厌"相混淆，后者典出元代戏剧家高明的南剧名作《琵琶记》，是形容女主人公赵五娘在丈夫赶考多年未归、家中经济拮据的窘境下把为数不多的粮食省给公婆，自己靠吃糟糠糊口的"孝行"，"糟糠自厌"的意思是以吃糟糠为满足。简单地说，"糟糠不厌"是形容没有粮食、填不饱自己的肚子，讲的是"贫穷"；"糟糠自厌"是形容明明有粮食但自己不吃省给别人，讲的是"谦让"，两者是不能混用的。

不过，不论"糟糠不厌"还是"糟糠自厌"，单就"厌"字而言，其实倒都没有"误读"，在这两个词中，它们都是"满足"的意思。前面提到，"满足"是"厌"较古老的词义之一，在古代文章中，"厌"的这种本意用法比比皆是，如《左传·郑伯克段于鄢》里有"姜氏何厌之有"（郑庄公、共叔段的母亲姜氏袒护共叔段的心哪里有满足的时候）；苏洵《六国论》有"诸侯之地有限，暴秦之欲无厌"（六国的土地是有限的，但秦国对土地的欲望永远不会满足）……可以说，如果穿越到先秦时代，说"厌学"二字，估计听众们理解为"满足学业"的比率，会远高于理解为"讨厌学习"。

但"讨厌""厌倦"的说法出现得也并不算晚，如《史记·孝武本纪》就说汉武帝"益怠厌方士之怪迂语"，这里的"厌"和"怠"相连，意思和今天最为人所熟知的"厌倦"已经差不多了。

这个"厌倦"的"厌",是从"厌"的另一个较古老字义"压抑"引申而来,西汉董仲舒《春秋繁露》中这样的用法很多,如"今晋不以同姓忧我,而强大厌我",晋文公并不因为鲜虞和晋都是姬姓而产生同情心,反倒自恃强大试图压服鲜虞;"阳灭阴者,尊厌卑也",阳能够胜过阴,是因为尊贵的可以压服卑贱的。而这个"压抑"的语义又引申出更多词义,如"掩盖",《荀子·儒效》有"厌旦于牧之野"一句,唐代训诂学者杨倞指出,"厌旦"的意思是"夜掩于旦";黑夜被黎明所覆盖。"压制",《荀子·强国》:"其诛杀……如墙厌之",说治国者根据刑律杀死犯罪的强徒,就像墙倒塌时压倒墙根下的东西一样等,甚至"压胜"(一种迷信手段)这种看似"跑题"很远的词义,追根溯源也来自"压制"这层含义,意思是"压服邪恶,获得平安"。

有人认为,"厌"的上述两种含义,分别是由"掩"和"压"的通假而来,但仔细咀嚼应该不难发现,"糟糠不厌"的厌和"尊厌卑"的厌,其实都带有"覆盖、压制"这层含义在内,只是年代久远,引申复引申,结果"两千年前是一家"的不同引申义间,便出现了这种乍一看"对面不相识"的戏剧性效果。

要说真的和"覆盖、压制"本义无关的"厌"字用法,恐怕只有《山海经·西山经》里一种长得像乌鸦却有三个头、六条尾巴的怪鸟"鸱鸺"(读作"歧途"),"服之使人不厌",这里的"厌"其实是梦魇的"魇"字通假,意思是"吃了这种鸟的肉可以不做噩梦",而不能按照古代常规"误读"为"这种肉特别好吃,怎么吃也吃不够",或按照当代常规"误读"为"这种鸟吃了之后会让人觉得不那么招人讨厌"。

容易误读
的称谓

孟姜女到底姓什么?

孟姜女到底姓什么? 难道不是姓孟叫姜女吗?

1996年曾上映过一部当时很走俏的连续剧《孟姜女》, 剧中扮演主角的都是红极一时的偶像名人。在这部连续剧里, 孟姜女的老爹出场频率很高, 被称作"孟老汉", 很显然, 连续剧的制片、导演和演员们认定孟姜女的爹姓孟, 孟姜女, 自然也姓孟。

20多年过去, "孟姜女姓孟"这个人们心目中的"标准答案"似乎依旧根深蒂固, 2016年杀青的电视连续剧《孟姜女传奇》, 说孟姜女是"退休干部"孟章和姜中(这部电视剧似乎尚未公映, 至少我未看过, 从剧情简介看他们应该是两口子)在路上捡到的弃婴, 她原本姓什么叫什么不得而知, 反正从剧情安排的这一刻起就跟

20年前一样姓孟叫姜女了。

然则这实在是彻头彻尾的误读，甚至可以说，是闹了个不小的理解笑话。

孟姜女历史上实有其人，但不叫"孟姜女"，而是只叫"孟姜"。在古籍记载中，孟姜女哭长城的故事是后人附会的，之所以不偏不倚正附会到孟姜头上，是因为她的出名正在于一个哭字。

历史上的孟姜女并非秦始皇时代的人，而是比这早300多年的春秋后期齐国人，她的丈夫也不是农夫范喜良，而是齐国的一名中级军官杞梁。

《礼记·檀弓上》中记载，齐庄公姜光四年（公元前550年），齐国派杞梁和其同事华周率领一支偏师（按照冯梦龙《新列国志》上的夸张说法，这支偏师总共只有3人）偷袭邻近小国莒国，因对方早有准备，两人虽顽强战斗、屡屡获胜，最终还是不幸战死。战争结束后，两人的遗体归葬本国，杞梁的妻子在路边对着丈夫灵柩大哭不止，令路人无不感动，齐庄公派使者慰问，杞梁妻子说"有先人之敝庐在，君无所辱命"（寒舍虽然鄙陋但路边并非吊唁的合适场所），令齐庄公肃然起敬。孟子在齐国居住多年，在《告子下》中说"华周、杞梁之妻善哭其夫而变国俗"，意思是说杞梁（还有华周）的妻子一哭成名，以至于齐国吊丧的风俗都为之改变。西汉末年，刘向《列女传》中对杞梁妻的故事加以渲染，说她连哭十天，"而城为之崩"，这里哭的显然还不是秦始皇修的长城，而只是"城"（晋朝崔豹《古今注》中说是杞城，就算是长城也只能是和后来万里长城不相联系的齐长城），秦长城和杞梁妻的哭相联系，则要再往后推，活跃在五代十国早期的诗人和尚贯休写过一首古风《杞梁妻》，里面说"筑人筑土一万里，杞梁贞妇啼呜呜"，在这位曾写出过"满堂花醉三千客，一剑光寒十四州"名句的诗僧笔下，"烈士"杞梁不但晚生晚死了至少320多年，身份也从齐国将领变成了秦朝民夫，他妻子哭倒的"城"，也就这么变成了秦长城。

大家或许已经发现，不论是最早记载此事的《礼记》，还是第一个把此事和秦朝拉上关系的贯休，都对"杞梁妻"究竟姓什么叫什么只字未提，最早提到"孟姜"的，是为《孟子》作注的北宋人孙奭，在孙奭为《告子下》所作注疏中提到，"或云……（杞梁）妻孟姜向城而哭，城为之崩"。不管这个记载是否靠谱，但"孟姜"或"孟姜女"的名号，正是从这里叫开的。

那么又回到开始的问题——孟姜或孟姜女到底姓不姓孟？

当然不姓孟。

不知大家是否注意到，孟姜女故事的原型出自春秋齐国，当时的齐国国君是著名的姜太公吕望后裔，姜太公姓姜，因为祖上曾封在吕（今天山西霍州境内），因此又以吕为氏，"姜"是齐国的国姓。"孟姜"中的"姜"，正是杞梁妻的姓氏，也就是说，她是齐国公族的女孩子。

那么"孟"呢？

先秦时的兄弟姊妹排行，老大、老二、老三分别叫作伯、仲、叔，最小的孩子不论排行第几，都叫作季。如果在兄弟姐妹中排行最长，却并非嫡妻所生，而是妾或者媵（陪嫁）所生，就叫作"孟"，因此"孟姜"其实指的是"姜家庶出的大姐"。

先秦已婚女子的名字称呼有非常特别之处，一般把娘家姓氏放在第二个字，第一个字则采用某个可以将她和同族同姓氏其他已婚女性相区别的字，这个字可以是丈夫的谥号，如齐庄公的女儿、卫庄公的妻子称"庄姜"，"姜"是娘家姓氏，"庄"是丈夫谥号；楚成王的妹妹、郑文公的妻子文芈，"芈"是楚国国姓，"文"是郑文公谥号；可以是这个女性本人的某种特质，如齐国宗女、鲁庄公的妻子哀姜，"姜"是姓，"哀"则是鲁国人因其丈夫早死、她本人又无儿女而赋予她的形容词，而用这个女子在娘家的姊妹排行，则是较为常见的一种做法。

比如春秋早期，侨居翟国避难的晋公子重耳（后来的晋文公），娶了翟国俘获的赤狄廧咎如氏女孩季隗为妻，季隗的姐姐叔隗则嫁给了重耳的陪臣、后来战国赵国的先祖赵衰，这里"隗"是两姐妹的姓氏，"叔、季"则是排行，表明两人分别是三女和幺女；重耳后来又到了秦国，秦穆公将原本嫁给晋怀公（重耳亲侄子）的女儿伯嬴改嫁重耳，"嬴"是秦国国姓，"伯"是排行，表明她是秦穆公的长女。用"孟"做称呼第一个字的女性也并不罕见，比如整本伍子胥故事的导火索式人物——原本应该嫁给楚平王的太子却被楚平王自己偷娶并生下后来楚昭王的秦国宗女，就被称作"孟嬴"。当然，《芈月传》里的"孟嬴"是文学创作，尽管作者并未弄错这位秦国"公主"—— 这个称呼汉代才有——应该姓嬴而不是"伯"，却似乎并不知道这种独特的女性称谓通常在其出嫁后才会使用。

作为齐国公族，姜姓在春秋时可谓枝繁叶茂，用姊妹排行作为称呼第一个字者是极多的，比如前面提到的哀姜，她同父异母的亲妹妹就叫"叔姜"，这个叔姜随姐姐嫁到鲁国，为鲁庄公生下儿子姬启方，就是后来的鲁闵公；现珍藏于上海博物馆青铜器馆的先秦铜器精品"子仲姜盘"，制作者是春秋时晋国乐官"大师"某某，32个字的铭文显示，这是"大师"送给妻子"仲姜"的生日礼物，"仲姜"的意思是"姜家二女儿"，她很可能来自齐国，或是侨居晋国的齐国后裔。

读到这里，大家是不是有点明白了？"孟姜女"姓姜，是某个齐国公族中庶生的长女，不管其原型杞梁妻是否真叫"孟姜"，即便是后人的"文学创造"，这个名字的含义也是一清二楚的。说句题外话，倘"孟姜"真是后人杜撰的名字，那么这位不知名的杜撰者的历史学功底还是相当考究的，知道给一个齐国女性起如此符合身份的称谓。

再回到影视作品上。尽管孟姜女是影视、戏剧作品喜爱的题材，但早期作品通常篇幅短小，孟姜女的父母或不出场，或只是个无足轻重的龙套，故事一般从万喜良去修长城说起，因此她究竟姓什么语焉不详。后来故事越编越复杂，开始时段也越来越提早，先是从两人"恋爱史"说起，《孟姜女传说》索性直接追溯到襁褓时代，"孟姜女爹"的戏份不断被添油加醋，编导和演员们又不知道先秦女性的称谓规矩，于是"孟老爹""孟员外""孟某某"便在近年来各种影视戏剧中频频亮相，原本姓姜的孟姜女，也莫名其妙"随爹"姓了孟。

既然"孟"是排行，"姜"是姓，"女"是后人加的衍生字，那么孟姜女的名字究竟叫什么？

不知道。先秦虽不像宋代以后那样保守，但女性、尤其已婚女性的名字还是很少被公开提及，如今我们能知道全名的古代女性，大多在少女时代就已成名，像孟姜这样嫁人后才"火"的女性，就没这么好的命了。

　　还应指出的是，"文芈""孟姜"这类对女性的称呼，一般是他人指称女性，有些甚至是女性丈夫或本人死后才有的敬称，让伯嬴、孟姜这样的先秦女子在待字闺中时动辄对人大呼"我孟姜"如何如何，至少是很不严肃的。

"杜工部"是多大的官？

提到唐代大诗人杜甫，很多人都知道他有个别称叫"杜工部"，杜甫诗集的名字就叫《杜工部集》。不少爱好古典文学却并不熟悉历史掌故的朋友常常会误以为"工部"是个很高的官职，多年前曾看过一本介绍古代文学家的青少年普及读物，书中在提到杜甫"因躲避战乱，从长安逃往四川"时，就形容诗人"在安史之乱中丧失了原本拥有的六部高官厚禄"，"不得不过着颠沛流离、寄人篱下的生活"，很显然，这位作者同样觉得"杜工部"原本有一个很高的官职。

其实这位作者在短短一段话中接连犯下了几处常识性误读错误：首先，杜甫在战乱最甚时并未逃亡至四川，而是一直在关中各地徘徊，直到唐肃宗乾元元年（公元758年）底（按公历已是759年初）才从陇东的同谷县（今甘肃省成县）首次入蜀，原因是生活拮据，想投靠出任成都尹的老同学严武；其次，杜甫在长安乃至整个关中期间从未任职过工部，他的工部职衔是直到广德二年（公元764年）第二次入蜀时，才由"东道主"兼老同学严武推荐挂上的，这时安史之乱彻底平息已经一年了；第三，杜甫在关中时做到的最高官职，只是"从八品上"的门下左拾遗，此外还担任过司功参军、兵曹参军，品级都是"从八品上"，但地位更低于拾遗，且即便是拾遗，按照年代稍晚的大诗人白居易在给好友元稹的信中所感喟

的那样，也是很寒碜的职位（白居易在信中形容杜甫和陈子昂"各授一拾遗"，是"诗人多蹇""连剥至死"），他从关中入蜀虽然的确"寄人篱下"，也写过《茅屋为秋风所破歌》，但其实就生活状况和政治地位而言，几乎是他生涯的顶峰，因为他获得了自己政治生涯中最高的官阶——没错，就是那个"工部"。

于是又回到文章开头的问题——"杜工部"到底是多大的官？

很多朋友误以为"杜工部"是"大干部"，恐怕是被"工部"这个词误导而产生了误读。稍稍熟悉中国历史掌故的人都知道，中国从隋朝开始形成三省六部制，到唐代完善，吏、户、礼、兵、刑、工六个部承担了全国绝大多数行政事务的总成，金、元以后"三省"变成一省，到了明太祖朱元璋时代，中书省被废除，六部直属皇帝，政治地位更加重要。从六部诞生之日直到清末政治改革，这六个部的正、副长官都叫尚书和侍郎，相当于现代的正副部长，也都享有崇高的官品，唐代尚书为正三品，侍郎则是正四品上或正四品下，而后世因为六部地位节节上升，尚书、侍郎品级更是水涨船高，到了清代，六部尚书的地位已升至从一品，侍郎也升至从二品，在文官中除了大学士和凤毛麟角般的三公、三孤，已无人可以匹敌。

即便按照唐代的"低标准"，尚书、侍郎也可算位高权重：唐代的"高干"俗称"朱紫"，指的是有资格穿上绯色和紫色的官袍的官员，按规定，从三品及以上可以服紫，从五品下及以上可以服绯，很显然，照此标准，六部尚书是板上钉钉的"绝对高干"，侍郎也可算"准高干"。倘"杜工部"曾经担任过的是工部尚书、工部侍郎，其地位当然是很可观的。诚然，工部在六部中地位最低，但再低也是"六大部委"之一么。

只可惜,"杜工部"的官衔不过是"检校工部员外郎"而已。

唐朝的六部除了尚书、侍郎这两位"正副部长"外,下设二十四个司,司的正副"领导"叫作郎中,相当于现代"厅局长"的地位,郎中的品级是从五品下,已经是可以服绯的"准高干"最下限,而"杜工部"所挂的"员外郎"还是郎中的下属,地位不过相当于现代的"科员",品级是从六品上,比起"七品芝麻官"固然还略高一些,却已是只能"服绿"、被戏称为"鹦鹉"的"基层干部"了。而"杜工部"这个"员外郎"前面还加了"检校"二字,这两个字有"见习"的含义,意思是并非正职,只是享受这一级别的"干部待遇",也就是说,这位远在四川的"部委见习基层干部",地位要比留在长安部委里承担实际工作的同级别员外郎更低得多。

那么问题就来了:六部中任何一个部都有尚书、侍郎和至少二十四个郎中,照理说他们中任何一个人都比身为"检校员外郎"的杜甫更有资格挂上"工部"的冠名,何以杜甫这个"准编外基层干部"反倒理直气壮般地被叫了一千多年"工部",以至于让许多读者误读呢?

其实从唐代直到清朝,"吏部""工部"之类用六部名称指代官员的用法,几乎都被用在员外郎或明清时代增设的六部主事、从事这类中低层官员身上,最高也不过是郎中。

比如,成书于明清时的言情小说《玉娇梨》,书中有个"张吏部",其真正官衔是"吏部文选司郎中",级别是正四品;宋代周麟之《上王吏部》中述及的"王吏部",在周笔下是个才学德望理应

"周旋位六卿",却被诽谤陷害沦落到地方下僚的仕途失意者,很显然他的官阶最多不过检校员外郎(吏部尚书、侍郎可比拟为"六卿",如果"王吏部"挂着尚书、侍郎头衔,诗人就不会这样写);大诗人苏洵《送王吏部知徐州》一诗气势乐观恢弘,很显然,这位"王吏部"多半是升迁,由"吏部"改任知州却是升职,其原本的地位可想而知。

那么,究竟是什么原因,导致尚书、侍郎等本应享有六部"代表地位"的高级主官很少被尊称为"某部",反倒是中低层部僚长期享此美名,以至于被现代人误读呢?

"某部"的称呼是俗称、美称、通称,其约定俗成的特点是"以尊代卑""讳小言大",也就是说尽量引经据典地将对方的地位说得比实际地位更高一些,尚书、侍郎的实际地位已足够"某部"的档次,如果再美称为"某部"就失去了吹捧、抬高的意义,且不论是实任或加衔,尚书、侍郎通常都有更显赫的头衔,一些人即便生前没有,死后也会得到更高头衔的追赠,因此人们会照惯例用那些更"大牌"的头衔去指代他。如曾国藩,在咸丰二年回乡期间创立湘军,他当时的正式身份是"在籍吏部侍郎",但自道光廿七年(公元1847年)就已获得"内阁学士"的虚衔,尽管内阁学士和侍郎一样是从二品,但地位和名望要高得多,因此地方上此时尊称他"中堂"(照理,大学士、协办大学士才能称"中堂",此处同样是"以尊代卑");又如唐代名臣段秀实,生前最高官职为正三品的司农卿,但因他在反抗朱泚叛乱中壮烈牺牲,被唐朝追赠位列三公的太尉,后人就只称之为"段太尉"而不称"段司农",这虽然和六部无关,却同样体现了"以尊代卑""讳小言大"的意思。

"杜工部"以一个工部员外郎"僭冒"地位更高的"工部"专称,但"员外"这个只比芝麻大一点的低级官职同样被地位更低的人"僭冒",《水浒传》里的卢俊义等没有任何官阶的土财主被尊称"员外",就是另一种形式的"以尊代卑""讳小言大",而同样是财主的柴进却从不被称"员外",而称"柴大官人",这是因为拥有世袭身份的柴进,其地位远高于正牌"员外",再称之为"员外"便不是捧而是骂了。同样,将医生称"大夫""郎中",将摆街头棋摊的称"待诏"也是同样的意思,因为历史上医生、棋手中的个别佼佼者,曾得到过这样的职衔。

那么例外有没有呢?还是有的。

真正可以确认以"某部"称呼现任尚书、侍郎的例子,是中唐政治家柳宗元。他留下一篇《为王户部荐李谅表》,向一位在户部任职的王姓官员推荐"新授某官李谅",从史实推断,"王户部"不是别人,正是时任户部侍郎,在唐顺宗李诵时权倾一时的"二王八司马"之首王叔文。柳宗元之所以称呼王叔文"户部",绝非不知"以尊代卑""讳小言大"的惯例,而是因为后者权势虽盛,出身却实在寒微,最早不过是地方微员,后来给时任太子李诵当围棋伙伴、侍读,依靠这层特殊"裙带关系"才在李诵当皇帝后平步青云,但终究囿于出身,无法名正言顺地获得"清要"高级职衔,户部侍郎已是李诵排除重重阻力,所能授予他的最高实际官职。

正因为王叔文是中国古代政治史上较为罕见的"白板侍郎",因此,出身名门世家的柳宗元才斟酌再三,无可奈何地破例用"户部"称呼这位侍郎。有趣的是,曾任礼部员外郎的柳宗元死后被称作"柳柳州"而非"柳礼部"，这是因为其最后的任职柳州刺史虽是受王叔文牵连而责授的一个贬官，但在品级和地位上却高居正四品上，是可以"服绯"的"准高干"，远强于只能穿一身绿的员外郎。

"司马"和"大司马"是一回事吗？

不久前，在某个文学网站上无意看到一篇近年来很时髦的"穿越文"，小说的女主人公"倒穿"去了唐朝，和"大司马"白居易产生了诸多有趣的互动，女主人公更假借"大司马"的权威，作出了一番轰轰烈烈、可歌可泣的大事业。

这位作者在写"穿越文"时恐怕仅仅假借了白居易的姓名和时代，并没细看《旧唐书》《新唐书》中有关白居易的传记，甚至可能连总共只有88句、616个字的白居易长诗《琵琶行》都没有细看——因为《琵琶行》中最后一句明明白白写着"江州司马青衫湿"，也就是说，白居易的官职是"司马"，不是"大司马"，而"司马"和"大司马"间的区别，可比"马"和"白马"间的区别要大多了。

　　唐代其实并没有"大司马"的正式官职，但习惯上将已变成加官的太尉尊称为"大司马"，太尉相当于正一品。唐代正式职官编制中没有正一品，但"三师"（太师、太傅、太保）和"三公"（太尉、司徒、司空）地位在从一品的"三孤"即太子太师、太子太傅、太子太保之上，兵部尚书则是正三品，在唐代属于可以穿紫袍的高官。

　　而"司马"呢？

　　唐代的"司马"有大都督府司马、大都护府司马、亲王府司马，官阶从四品下；中都督府司马、上都护府司马，正五品下；下都督府、上州司马，从五品下；中州司马正六品下，下州司马从六品上。唐代的州是按人口多少分为上、中、下不同等级的，江州在当时有

三千户以上的人口，属于上州，因此白居易的"江州司马"为从五品下。唐代从三品以上为显官，官员可以穿紫色衣服；正四品上至从五品下为高官，可以穿红色；六、七品为卑官，可以穿绿色；七品以下为微员，只能穿青色，庶人则只能穿浅黄色。"江州司马"虽勉强挤进"高干"行列，但离兵部尚书已差了八级，离太尉更差了十二级之多。

但如果追根溯源，把"大司马"和"司马"相混淆并非误读，因为在周代时他们原本就是一回事。

《尚书》中规定的"六官"，就提到"下官司马"，意思是说设立司马一职掌管兵权，周代王室和各诸侯国都有司马，"司马"有时也称"大司马"，彼此间并没有特别的区分，比如《左传》《战国策》中都说楚国有左、中、右三个军，其中中军由"大司马"或"司马"掌管，可见是同一个职位。《左传》中记载，鲁襄公廿五年（公元前548年），郑国打败了陈国，迫使后者投降，陈国"司马致节"，即由掌管兵权的司马向胜利者交出象征军队指挥权的"节"。可见此时的"司马"就是"大司马"。春秋末年，齐国有名将田穰苴，他有时被称为"大司马"，有时称"司马"，其实同样是担任相同的职位。

但到了战国时代，"大司马"和"司马"间开始出现差别，《尉缭子》记载战国时魏国的军队编制是"千人一司马，万人一将"，"司马"仅仅是指挥一千人的武官，和负责指挥全军（大多数诸侯国）或主力军（楚国）的"大司马"间"拉开了档次"。之所以如此，是因为春秋时诸侯国大多只有一军（少数大国有二军、三军甚至五六军），因此指挥层级比较简单，"司马"可以直接指挥到军；而战国时各国幅员辽阔、人口众多，军队编制也扩大了，因此先在"司马"下设立了"将军"，又在将军下设立了次于将军的"司马"，为了区别"两种司马"，一些国家将原本只是"司马"尊称的"大司马"当作"高级版司马"的专称，而"低级版司马"就只称"司马"，还有一些国家则将"低级版司马"改称"都尉"。不过随着战事的日益扩大，军队编制更加复杂，原本设立"都尉"的国家也增设了"司马"，作为都尉的副职或下属。

战国时代的终结者和胜利者——秦国，恰好最后采用了"大司马"—"都尉"—"司马"的编制体系，这一体系也随之被沿用到秦、汉，甚至更后的时代。汉魏军队的编制，五人为伍，两伍为什，五什为队，两队为屯，两屯为曲，两曲为部，五部为营，最高编制"营"有2000人，长官为将军或校尉，"部"则有400人，长官为"部司马"或"别部司马"，简称"司马"。

除了"部司马""别部司马"，汉魏之际还出现了将军府司马，即持节开府的高级将军可以置"司马"一人，作为自己的高级幕僚，这个"司马"通常是文人，这也开创了唐代以后在州府设立文人担任的州司马之先河。

那么"大司马"呢？

汉成帝绥和元年（公元前8年），汉朝将最高武官的职位定为"大司马"，和丞相改称的"大司徒"、御史大夫改称的"大司空"合并成为"三公"，是最高官职，秩万石，地位在百官之上；东汉光武帝建武廿七年（公元51年），为了压抑高官的权势，皇帝下令去掉"三公"头衔里的"大"字，"大司徒、大司空"改称司徒、司空，唯独"大司马"被改称为"太尉",这一改动影响深远,此后,"大司马"的头衔在历朝历代时有时无,通常只是个虚头衔,但地位却一直维持在"百官之首"的等级上,在不设大司马而只设太尉的时候,也被作为对太尉的另一种美称(用来称呼兵部尚书则有高抬之意,一如后人将"副市长"美称为"市长")。

唐代的各种司马已经不掌兵权——事实上什么权也不掌,往往被用于安置够级别做官的大闲人,或者被排挤、贬抑的官员。王叔文事件后被一股脑扔到外地的刘禹锡、柳宗元、程异等八个"同党",就都被挂上了州司马的头衔(著名的"八司马"),白居易从太子左赞善大夫(正五品上)转任江州司马(从五品下)同样是贬官(降了三级),时年为唐宪宗元和十年(公元815年),正是白居易一生中最倒霉的时光,又何来"威风"一说。

丞相与宰相本不相同

受邀在某网站的"专家问答系统"答读者问，有个读者问我："为什么有位熟悉的历史专家对我说《宰相刘罗锅》的电视剧名字起错了？"我的答复是："宰相制度早在明洪武十三年（公元1380年）就被明文废除了。"

我这种说法虽是照搬相沿已久的传统定义，但其实并非毫无问题：明太祖朱元璋明文废除的实际上是"丞相"，而不是"宰相"。

《皇明祖训》记载："自古三公论道，六卿分职，并不曾设立丞相。自秦始置丞相，不旋踵而亡。汉、唐、宋因之，虽有贤相，然其间所用者多有小人，专权乱政。今我朝罢丞相，设五府、六部、都察院、通政司、大理寺等衙门，分理天下庶务，彼此颉颃，不敢相压，事皆朝廷总之，所以稳当。以后子孙做皇帝时，并不许立丞相。臣下有敢奏请立者，文武群臣即时劾奏，将犯人凌迟，全家处死。"

很显然，朱元璋只是不许子孙再恢复自己废除的丞相一职，而并无一字提及不许恢复宰相。将朱元璋"废除丞相"理解为"废除宰相"，其实是一种不折不扣的误读。

实际上，在中国古代，丞相和宰相是有重叠但并不相同的两个概念，也是常常被后人甚至时人所频繁混淆、误读的概念。

最初"相"是个动词，意思是"帮助""辅佐"，伊尹、周公、姜尚这样的人物在当时或后世会被称为"相"，而在外交活动中临时担任赞礼工作的人也会被称作"相"。后一种"相"并非固定身份，外事活动结束后便回归本职，而前一种"相"也只是一个泛称，他们并非以"相"而是以其他身份行使职责，而且虽然同被称作"相"，其权限也相差甚远，伊尹可以驱逐国王，自己居摄，周公虽然也"居摄"，却要畏惧国王听信谗言后猜疑自己，而姜尚的权限充其量相当于一个高级幕僚。

春秋末年，齐景公置左右相（《左传》中公元前546年已有此职务），到战国时，绝大多数诸侯国都设立了"相邦"或"相国"一职，这是作为文臣的最高职位。周赧王六年（公元前309年），秦国率先将相国改为"丞相"，汉朝建立后因避讳汉高祖"刘邦"的名讳"邦"，"相邦"一词从此被刻意抹煞（因此原本当的是"相邦"的秦末名人吕不韦，两千年来都被误读为"相国吕不韦"，若非近年来考古发掘出带有"相邦吕不韦"铭文的战国秦代文物，这个误读还不知会延续多久），西汉时代，这个职位大多数时候称"丞相"，有时也会改回"相国"。

丞相的职权很大,可以负责全国官员考核奖惩,并直接负责许多中枢部门,因此对皇权构成威胁,汉哀帝元寿二年(公元前1年)改丞相为大司徒,此后直到东汉末年,只有王莽、曹操等有篡位野心的权臣才会设法重新让自己获得丞相的职位,大司徒虽位列三公,权限已远不如丞相。

那么宰相呢?

"宰相"一词大约在南朝时开始出现,到唐代成为普遍的称呼,所指的是有类似秦汉丞相的权限、但没有丞相名衔的高级文官。随着中枢权柄的转移,被称作"宰相"的在南朝先后有尚书令、中书令,待唐朝推行三省六部制后,三省长官尚书令、中书令和门下侍中都被称为宰相,但由于这三个职位很高,并不常设立(由于唐太宗李世民曾任尚书令,这个职位在唐代很少授予他人),因此实际上的唐代宰相往往是以"同中书门下三品""同中书门下平章事"等头衔办公。从此"宰相"和"丞相"两词便分道扬镳了。

什么叫"分道扬镳"?就是说宰相不一定是丞相,而丞相也未必是"真宰相"。

唐、宋两代大多数时间,宰相都是以前述各类名目办公,直到南宋孝宗乾道八年(公元1172年)才恢复了丞相一职,且这个"丞相"的确就是宰相。而辽、金等少数民族政权则既设尚书令、平章政事,又设丞相,且都具备宰相职权,后者这种叠床架屋的设定被元朝因袭,并进而设置了实际上是以中央外派官员、机构身份行使地方职权的行中书省丞相。

概括来看,丞相和宰相通常都是指执掌中枢朝政的高级文官，这点两者相似，也正因如此，才会经常被相互混淆、误读。但丞相是固定职务，行政级别也是固定的（秦汉为三公，在任何设丞相的朝代，中枢机构的丞相品级一定是文官中的最高级别），而宰相则是职任，行政级别未必是最高的，唐代最初宰相的普遍头衔"同中书门下三品"，就是因为许多宰相实际品级连三品都不到，不得不作此规定，好让他们看上去具备"宰辅"应有的体面和尊严（唐代三品以上才能穿象征高官的紫袍，如果不满三品只能穿红袍，"同中书门下三品"则意味着不管这位宰相实际品级是否已达到三品，都可以穿着紫袍出入官方场合了）。

明初的官制在很大程度上是模仿元代的，因此丞相就是宰相，废除丞相也就实际上等于废除了宰相，但毕竟法律条文上被废除的仍然是丞相，不是宰相，如果后来的帝王以"同平章事"之类古已有之的职衔恢复宰相，是完全可以绕开"祖训"的，之所以没人这样做，恰是因为废除丞相可以实现"事皆朝廷总之"（皇帝一个人说了算），让帝王觉得"稳当"，因此从明成祖朱棣直到崇祯帝朱由检，历代明朝皇帝都巧妙地将朱元璋的"废丞相"误读为"废宰相"，从而借"祖训"压服异议者，实现自己不设宰相、大权独揽的私心。

这种刻意的误读同样合乎清代皇帝的利益和私心，因此清代康熙、雍正、乾隆三代帝王不断借各种场合、形式抨击宰相制，甚至倘发现有官员按照当时风俗，将大学士称作"相爷"也要训斥甚至处罚。不难看出，"废除丞相就是废除宰相"的误读，其实是一代代层累，直到清代才被以上谕、朱批之类"法定"的。

朱元璋废除丞相后，中国只有太平天国时期设立了丞相职位，最初设天、地、春、夏、秋、冬六官正、又正、副、又副共24名丞相，后又增设恩赏丞相、殿左右丞相等，人数已多到数不胜数，这些"丞相"同样并非宰相，而只是职能官员——太平天国实际上是有"宰相"的，但其职衔不叫丞相，而叫"军师"。

古今不同话说"选举"

说到"选举",中国古代的确有这个概念——其实非但"选举","民主""共和"等时髦响亮的现代政治术语,在浩如烟海的中国古代典籍中都能找到出处,有些甚至写法半点不差。

然而,中国古代的"共和"和今天的"共和制"可谓风马牛不相及,而相对于"共和",儒家所谈论的"选举"概念,和今天我们所说的直接选举、间接选举,相差就更远了。

在中国古代,最早的"选"和"举"是分开说的。所谓"选",是指由上而下地去选拔人才,并安排合适的职务和岗位;所谓"举",则是下级、地方根据一定的标准将本地、本单位或自己所熟悉的人才向上推荐,供上级考察任用,所以有"举秀才"的说法。从词源上看，"选"有"挑选"之意，而"举"则是"托举""举起"的意思，一个自上而下，另一个自下而上，是可以看得很清晰的。

尽管先秦典籍里不乏"选"和"举"的记载，但真正意义上的"选""举"，都是在西汉初年形成的。

西汉高祖时期开始，"选"首先成熟为比较普遍的官员提拔制度，规定"赀算十"是"选"的入围标准。所谓"赀算"，按照今天的话就是缴纳个人所得税，一万钱纳税一百二十七文，"赀算十"就是有合法税前财产十万钱。汉景帝后元二年（公元前142年），西汉皇帝鉴于这一标准过高，"廉士"（贫穷而有才能的人）会被卡在"选"的门槛外，宣布将"入选"标准降低为"赀算四"（有合法税前财产四万钱），尽管如此，"入选"的标准还是"赀"（财产），因此被称作"赀选"。

那么"举"呢？

汉文帝前元十五年（公元前165年），西汉举行了一次面向"贤良方正"的"对策"，这被许多人认为是中国最早的一次"公务员考试"。考试题目很简单，一共四个问答题：朕之不察（皇帝对下情有什么地方缺乏了解）、吏之不平（各级官员处理政务有哪些不公平的地方）、政之不宣（方针政策有哪些方面无法落实到基层）、民之不宁（老百姓有哪些感到不安的地方），参加这次"公务员考试"的有后来许多名声显赫的大学者、大政治家，如董仲舒、晁错等。其中董仲舒和晁错都认为，"赀选"出来的人"未必贤"，晁错提出的对策是"任功"，即提拔有功的基层人员，而董仲舒则认为"功"的标准不够全面，且对"贤材"（高级人才）不公平，主张"察举"，即让"诸列侯、郡守、二千石（都是高级地方官）各择其民之贤者，

那些常识的真相

岁贡各二人"，向朝廷每年推举两名地方人才，供朝廷考察任用，"所贡贤者有赏，所贡不肖者有罚"。尽管当时被肯定的是晁错的"任功"方案，但到了汉武帝元光元年（公元前134年），信任董仲舒的汉武帝采纳了后者的建议，下诏让全国各郡国（相当于今天的各地级市）每年举"孝、廉"各一人，"孝"是孝顺，"廉"是清廉，很显然，这一选拔标准是以德行为主，对工作能力则不作要求。元朔元年（公元前128年）汉武帝进一步下诏，规定各地"不举孝"的"当以不敬论"（"不敬"最高可判处死刑），"不察廉"的则会被判为"不胜任"（获得这一评语的官员会被免职），从此"举"取代了"选"，成为中国古代选拔候补官吏的主要方法。

不过，"选"和"举"是很难区分的，比如前面提到的汉文帝十五年"对策"，史书上一般写作"举贤良方正"，因为参加考试的人都是各部门、各地方选拔推荐而来，但汉文帝本人所撰写的《贤良方正诏》却将之称作"选贤良方正"，因为按照他的角度，这些参加考试者都是他本人自上而下"选"出来的，其中特别优秀的还"对策"两次、三次。此后，人们就习惯于把"选举"连在一起说，但"选"和"举"仍然分指选拔人才的两个不同侧面：负责"选举"的部门、官员称作"典选"，因为他们的职责是自上而下地从合格者中选拔入围者；而产生人才的过程、体制则叫作"贡举"，因为这个体制本身，却是自下而上层层推荐的。

"选举"在中国古代从最初的"察举"（上级考察后推举，考察标准历代变化很大，如汉代的"孝廉"，魏晋南北朝的"九品中正"等）为主，至隋唐之后逐渐演变为"科举"（分别设立不同科目，自地方至中央逐级考试选拔），但"下举而上选"的含义直到清末科举废除，也没有太大的变化。自始至终，中国古代的"选举"就只是一种纯粹的"小圈子"选拔机制，最终决定权掌握在上级、首长手中，和今天选举由直接（或间接）民主产生"出线者"，体现特定范围内多数选民的意志，是截然不同的。将两个"选举"的概念混为一谈，并因为两者都叫"选举"而鼓吹"选举中国古已有之"，显然是一种有意无意的误读。

被误解的
常见词

"中国"也会被误读吗？

看到这标题，许多朋友会疑惑不解了——"中国"这个词每个中国人都懂，外国人大多数也懂，怎么可能被误读呢？

其实这个词被误读的概率还是挺高的，道理很简单，中国的历史固然悠久，但将"中国"定义为今天这样含义的历史可实在不算太悠久。

最早的"中国"一词出现在周朝文献里。如《尚书·梓材》里说"皇天既付中国民，越厥疆土于先王"；《诗经·小雅·六月》序里说"《小雅》尽废，则四夷交侵，中国微矣"；《诗经·大雅·民劳》里说"惠此中国，以绥四方"。而实实在在被刻画在货真价实"一手文物"上保留至今最早的"中国"二字，是1965年于陕西省宝鸡市贾村出土、于周成王五年（约在公元前11世纪）制作的青铜器"何尊"，这件青铜器上浇铸了122字铭文，能辨认的多达119字，其中有"唯武王既克大邑商，则廷告于天，曰：余其宅兹中国……"的字样。

对这些最早的"中国"究竟代表什么含义，人们的解读是有差异的。比如南朝宋人裴骃就援引东汉经学家刘熙的见解，认为"帝王所都为中，故曰中国"，也就是说，先秦的"中国"是指天子的都城。还有人认为，"中国"在先秦文献里往往和"四夷"同时出现，这表明"中国"指代和周人语言、生活习惯相近的华夏族（汉族前身）人所居住的地方，因为身处"东夷、西戎、南蛮、北狄"这"四夷"的中央，所以叫作"中国"。

这两种解读其实都有"误读"之嫌，诸多带有"中国"字样的先秦纪录中，最"靠谱"的莫过于"何尊"。在"何尊"上所浇铸的

铭文，头一句就开宗明义地提炼了文章的"中心思想"是"唯王初迁宅于成周"：这是一篇记载周成王在洛邑（今河南洛阳东南）建立"成周"这个西周王朝陪都历史的纪念文章，文章里直接引述周成王本人的话，说自己"其（一定）宅（定居）兹（在此）中国"，在建立成周陪都之前，周成王的"宅"（都城）是关中的丰镐（今陕西西安一带），周成王既然把建立"成周"称作"宅兹中国"，那么很显然，他和他同时代的人并不把自己的故都关中丰镐视作"中国"，甚至"中国"的一部分。由此看来，先秦概念里的"中国"，是专指关东的中原地区，大体包括河南、山东、山西、河北等省的大部或一部。不妨将这种最古老的"中国"概念称作"地理中国"概念。

有人用《孟子·公孙丑下》中齐王"我欲中国而授孟子室"一句，力图证明"中国即首都"的含义，然而这其实是更大的误读：这句话说的是齐王希望把孟子及其徒弟都留在齐国首都临淄，以便可以"使诸大夫国人皆有所矜式"（让齐国原来的官员和都城居民引为榜样），是谈"住房安置问题的"，"我欲中国"的意思，是齐王打算"居国之中"，这个"国"指的才是都城临淄（所以后面说到"国人"），"中国"是一个形容词活用为动词后的词组，而不是专有名词，这种形容词（或名词）活用为动词的用法在古汉语中是常见的，如"主神器""家天下"等均是。

这样的"地理中国"概念直到秦末汉初还是广为人知的。如成书于西汉初叶的《史记》，在《五帝本纪》中说，舜为了躲避尧的儿子丹朱，迁徙到"南河之南"，后来才顺应"天命"，"之（去）中国践（登上）天子位"，传说中舜为"帝"时居于蒲坂，也就是今天山西平阳境内，"南河之南"不论指何处，显然已不在中原范围内，回到中原就因此被称作"之中国"；同样是《史记》，在《天官书》中称"其后，秦遂以兵灭六王，并中国"，秦在战国时的领地不是别处，正是西周的发祥地——以丰镐为中心的关中，说秦统一是"并中国"，恰表明秦及西周原本的"王城"——丰镐和一河之隔的咸阳——都不算"中国"范围内；《孝武本纪》里有"天下名山八，而三在蛮夷，五在中国"的句子，这"在中国"的五山——华山、首阳山、太室山、泰山、东莱山，除了华山位于关中和中原的交界处外，其余都在中原大地上。

但这个最古老的"地理中国"概念从一开始就被掺入了其他因素。

如前所言，"中国"的概念常常和"四夷"成双成对地出现，这既带有地理方面的意味（"中国"在"四夷"之中），也带有民族的含义（"中国人"和"夷狄"是不同的），最初"地理中国"的含义更明显，而"民族中国"的含义则比较隐晦，个别"帝王"据传诞生在"中国以外"也不以为嫌，有趣的是，"舜生东夷，文王生西夷"反倒被后世非汉族的中国帝王用来证明"大家都是中国人"。

真正开始将"中国"等同于"本朝全部疆土"，将"中国人"等同于"本朝全部臣民"，则要一直等到清朝。雍正在《大义觉迷录》中把"蒙古极边部落"也称作"中国之疆土"，将这些部落成员称作"中国臣民"，康熙廿八年七月廿四日（1689年9月7日）签署的《中俄尼布楚条约》中文版里，所有提到清朝的地方都写作"中国"。而真正赋予"中国"以今天大家所熟知的含义，则要一直等到清末民初，国际法和近代主权、国家概念被中国人所熟知和接受。即便到了这个时代，旧概念仍然在许多人心目中根深蒂固，如洪秀全，一方面在拒绝外国冒险家"共同灭清，平分疆土"建议时强调"我争中国，欲想全图"，另一方面却将"中国"局限于内地十八省，一再要清朝离开"中国"、退回"沙漠之地"，类似的言论甚至在辛亥革命时许多革命党人作品中也屡见不鲜，如邹容名篇《革命军》，全文不过数千言，而"中国"一词竟出现78次之多，可谓"中国密度最大"的近代著作，即便如此，其中多次混淆"中国"和"中原"，称"中国"只有"十八省"，很显然，作者虽然屡屡提及国际事务和时政，但他心目中的"中国"概念仍然是旧的、至少是含混的。直到梁启超《少年中国说》，其中的"中国"才基本上和今天概念完全重合。

莫误"娑婆"与"婆娑"

2010年10月国庆长假期间，于我人生有极其重大影响的恩师——原上海《申报》记者、原南京大学和南京外国语学校中文教师凌介平先生在南京家中去世。消息被当年同学传到遥远的加拿大温哥华，痛愕交集的我当天便写下一首悼诗《七律·闻恩师仙逝因赋以记之》：

确是实情真讯么？人生最恸是娑婆；

怅人匆促难名状，恨我奔波疏问疴。

节下莫惟窗外月，口边吟是旧时歌；

那年彼此伤心际，忆得灯前一醉酡？

因为凌介平先生桃李满天下，这首悼诗一时间流传很广，不少认识或不认识的朋友在表达同悼之情之余，纷纷联系到我，或指点、或商榷，或明白或委婉地提醒我"把词写颠倒了""趁别人没发现赶紧改回来"。

这些好心朋友说我"写颠倒了"的词，便是诗中首联（七律八句分为四联：首、颔、颈、尾）对句（第二句）中的那个"娑婆"了。朋友们误以为我是要写"婆娑"却不小心把两个字写反了，因此悄悄提醒我"赶紧改回来"，当然是担心我当众出乖露丑的一番好意。

但实际上我并没有把词写反：我在这个地方要用的正是"娑婆"，而不是"婆娑"，"娑婆"和"婆娑"也是完全不相干的两个词。

"婆娑"是个土生土长的本土辞藻，最早的出处是《诗经·陈风·东门之枌》中"子仲之子，婆娑其下"，《毛诗》中给"婆娑"二字的注解只有简单的两个字——"舞也"，表明"婆娑"最早是用于形容舞姿的。

那么是怎样的一种舞姿呢？

东汉蔡邕所撰《曹娥碑》，因有他本人及王羲之、蔡卞等无数名家书撰，又被选入"二十四孝"而脍炙人口，碑文也流传至今（尽管最初那块碑早已不知所踪了）。碑文一开始就说孝女曹娥的父亲曹盱"能抚节按歌，婆娑乐神"，明代著名学者沈德符在《野获编·礼部二·女神名号》中对此的解释是："按《曹娥碑》所云婆娑，盖言巫降神时，按节而歌，此其舞貌也。"曹盱是一名巫师，向神祈福时要随着音乐盘旋起舞，"婆娑"所形容的，正是这种盘旋的舞姿。这位曹巫师跳舞的地点有时很不安全，比如他最后一次跳舞是在某年五月初五潮神伍子胥的祭典上,他在潮头"婆娑起舞"时"为水所淹,不见其尸",这才成就了流传至今的"曹娥求尸"的著名典故。

此后,"婆娑"二字一直用于形容这种盘旋起舞的姿态,并且有了一些引申含义,但大多数引申义还是从"婆娑舞姿"而来,用于形容酷似盘旋起舞的姿态。

最初出现的"婆娑"引申义,是用于形容人的醉态,因为人喝醉酒后立足不稳,身姿蹒跚,像极了盘旋的舞姿。三国魏杜挚赠给后来因起兵反抗司马氏名垂史册的毌丘俭的诗中,有"骐骥马不试,婆娑槽枥间;壮士志未伸,坎轲多辛酸"的句子。东晋道士葛洪在《抱朴子·酒诫》中说汉高祖刘邦"婆娑巨醉,故能斩蛇鞠旅",都是形容这种"醉步";同时代或稍晚,也有人用"婆娑"形容从容悠闲的形态(类似今天所说的"大摇大摆"吧),比如两汉之际的班彪《北征赋》中有"聊须臾以婆娑"的说法,初唐书法家李善注解说,婆娑是形容"容与(从容悠闲)之貌",同样是葛洪,在《抱朴子·崇教》中说王孙公子"优游贵乐,婆娑绮纨之间,不知稼穑之艰难",这里"婆娑"的用法,就和此前不同,而接近于班彪。

很显然,不论是"醉步"还是"大摇大摆",都是直接从"婆娑舞姿"中阐发而来的。

大约南北朝时,"婆娑"被用于形容植物的姿态景象,如《世说新语》中,东晋末年的大臣殷仲文因政治上失势郁郁寡欢,在某个月暗灯稀的初一之夜和幕僚们在听事厅中闷坐,久久凝望着厅外随风起舞的槐树,长叹"槐树婆娑,无复生意",这里用"婆娑"

形容树影,是因为昏暗光线下风中的树影,和盘旋的舞姿有相通之处。这种借形态上的相似而以"婆娑"形容摇曳、婉转、散漫的事物或姿态,古今均不少见,被形容为"婆娑"的,既有蓬松的发髻,也有婉转的歌喉。

较晚还有用"婆娑"形容老年人的,比如清代张岱《陶庵梦忆·闵老子茶》里有"婆娑一老"的说法,而同时代的戏曲学家李渔在《意中缘·卷帘》中则有"老婆娑"的借代用法。之所以用"婆娑"形容甚至指代老人,是因为老人腿脚不便,走路不稳,看上去和"婆娑舞姿"也有几分相同之态吧。

那么"娑婆"呢,"娑婆"又是什么?

"娑婆"是外来音译词,典出佛经,是从梵文中音译而来。《妙法莲华经》中有"云何名娑婆?是诸众生忍受三毒及诸烦恼,故名'忍土'",注解中则说"梵云娑婆,此云堪忍"——"娑婆"是梵文直接音译,如果意译就是"堪忍"。

"堪忍"什么呢?就是"诸众生三毒及诸烦恼",也就是世界上林林总总的一切,包括好的和不好的,愉快的和不愉快的,不论您是否理解和喜欢,都只能无奈地接受。文章一开头提到我那首悼亡诗,说"人生最恼是娑婆",正是抒发对这种不能忍受、却又不得不忍受之人生百态的郁闷之情。

说到这里大家都看明白了吧?"娑婆"和"婆娑"虽然由相同的两个汉字组成,但语源和语意都大相径庭,是不能混淆的。

但当代混淆"婆娑"和"娑婆"的人的确不少,且大多是把该用"娑婆"的地方用了"婆娑",如名为《婆娑世界》的歌曲,在推广案中大谈"婆娑世界就是佛祖所创的三千大千世界",岂不知这恰恰是"娑婆世界"的解读。而一些中文网络写作圈里流行的网络小说、文章中,把"娑婆世界"写成"婆娑世界"更近乎成了通病,甚至还有人起了"婆娑世界教主"之类的笔名。

也难怪他们,毕竟不是古典文化界或佛学界的专业人士,用错典故也在所难免,更何况,如果他们的相关专业知识来自网络,就很可能以讹传讹——在写这篇文章时故意用"婆娑世界"这个错误用法搜索,结果发现数以百计所谓"专业佛学网站",在煞有介事地"弘扬佛法"时,错把"娑婆"写成了"婆娑",甚至有的网站里,看出错讹的居士留言提醒了好几年,也不见有人动手改正。或许,这也是"娑婆世界"里诸般"堪忍"之一吧。

再回到我那首悼亡诗，提醒我"词写倒了"的朋友中不乏很有学问的人，他们当然绝非也不知道"娑婆"和"婆娑"的区别，而是以为我这里真的要用"婆娑"的又一个引申义。大约从清代开始，有人开始用"泪眼婆娑"这个词，形容眼泪流淌不止，这个用法多见于清代通俗小说或鼓词，如文康《儿女英雄传》这部用清代旗人家常话写出的小说里，褚大娘子就形容邓九公"提起来就急得眼泪婆娑的"。这个"婆娑"和"舞姿盘旋"的本义相去甚远，何以演变而来已难索解，但的确有此一说，误会我本想用"婆娑"的朋友，显然是将我词中感慨人生诸多无奈的意思，误解为因老师故去而流泪不止了。

张飞的"丈八蛇矛"是什么武器？

　　小时候学过几天京剧，很喜欢《甘露寺》里乔国老那段"劝千岁杀字休出口"，这段脍炙人口的唱词借乔国老之口，罗列了刘备、关羽、张飞、赵云四人的"光辉形象"，其中说张飞"他三弟翼德威风有，丈八蛇矛惯取咽喉"，而清代流行的《绣像三国志通俗演义》里，张飞使的"丈八蛇矛"是一杆矛头像蛇一样蜿蜒扭曲，矛尖更如蛇信般开叉的有趣武器。很显然，清代许多人，至少许多"文艺界人士"，是将"蛇矛"顾名思义看作"矛尖像蛇一样的矛"了。

　　但"蛇矛"真的像蛇么？

　　最早对"蛇矛"一词作注解的，是南宋文人胡三省，他在为《资治通鉴》作注时，注意到在十六国时期前赵皇帝刘曜大战陇上军阀陈安这一战役中的细节，说陈安所使的"丈八蛇矛"中的"蛇矛"是"铊矛"的误写，因为"蛇"和方言"铊"发音差不多，所以以讹传讹的。

那么胡三省的说法对不对呢？"蛇矛"的发音到底源自哪里？

最早提到"丈八蛇矛"的地方是前面提到的陈安，而陈安"丈八蛇矛"的出处，则是当时当地人为悼念他而写的《陇上歌》，在这首民歌中，描绘陈安在最后决战中左手拿七尺长刀，右手拿丈八蛇矛，和占绝对优势的前赵大军奋战，前赵勇将平先"壮健绝人"，和陈安肉搏"三交"，夺走蛇矛，迫使陈安败逃，不久被前赵军队搜杀。《陇上歌》中提到"蛇矛"共两处，即"丈八蛇矛左右盘"和"战始三交失蛇矛"。而这首民歌还有另一个版本——《太平御览》引用已经失传的《灵鬼志》，将前一句写作"丈八长槊左右盘"。《太平御览》是宋太宗太平兴国二年（公元977年）奉皇帝敕令开始编纂的类书，编写人员人才济济，落笔都有来历，既然其所称《灵鬼志》本把"蛇矛"写成"长槊"，那么"蛇"应该是"槊"的相似音误读。

"槊"是什么呢？

东汉刘熙《释名》中说"矛长丈八尺曰矟"，而《复古编》则说"槊，矛也，从木朔，别作矟"。这两部经典词典异口同声，说"槊"就是"矟"，也就是长一丈八尺的矛——很显然，"蛇矛"的"蛇"的确是因为发音相近而误读，但所误的不是短短的"铊"，而是各种记载都和"丈八蛇矛"长度一模一样的"矟"和"槊"。

《释名》中说，"矟"是"马上所持"，也就是骑兵所使用的长矛，之所以叫"矟"，是因为"言其矟矟便杀也"，也就是说，"矟"

是形容长矛刺出所带的风声杀气凌厉，是一个象声词。

正因为"矟"是马上用的长矛，因此在其最流行的三国两晋南北朝时期，一般都写成"马矟"或"马槊"。《晋书》里记载，东晋权臣桓温的孙子桓玄因为自感怀才不遇，十分失落，曾经在上司殷仲堪"听事"（听事厅，封疆大吏办公开会的地点）门前驰马舞矟以作发泄，甚至对殷仲堪比划了几下"刺杀动作"，这被殷仲堪的幕僚刘迈讥讽为"马矟有余，精理不足"，马上长矛舞得确实不错，但在听事厅前这么撒野实在不太讲究。刘宋名将、出身名门"河东柳世"嫡系的柳世隆善于抚琴，别人称赞他琴艺，他却说自己"马矟第一，清谈第二，弹琴第三"，很显然是以自己身为武将又擅长"本

专业技能"而自豪。

"矟"这个词直到唐代初年还很流行,《旧唐书》记载,隋末名将单雄信"善马矟",和他同时代的尉迟恭和李渊之子李元吉也都"精马矟",尉迟恭还以擅长在战场上"避矟"和"夺矟"著称,因为争强好胜,尉迟恭和李元吉曾当着李渊的面比矟,结果使用去掉矟尖的"练习矟"的尉迟恭三次夺下李元吉手中的普通矟,得到皇帝嘉奖和围观者赞叹,也埋下了他与李元吉失和的伏笔。

同样是在唐代,原本仅偶尔一见的"蛇矛"忽然频繁出现在诗词歌赋中,如李白《送外甥郑灌从军其二》说"丈八蛇矛出陇西",杜牧《郡斋独酌》说"蛇矛燕戟驰锋芒",李绅《到宣武三十韵》说"龙节双油重,蛇矛百练明",皮日休《太湖诗·石板》说"中若莹龙剑,外惟叠蛇矛"等等,简直不胜枚举。有趣的是,"蛇矛"多见于诗歌,而较正规的专著、史书则仍然写作"矟"或者"槊",这表明直到唐代,"矟"或"蛇矛"还是常见的兵器,但"蛇矛"的说法开始普及,其原因很可能是双音节的"蛇矛"较单音节的"矟"更适合入诗。

很显然,这个时代的人不会把"蛇矛"的矛尖误读为和蛇身、蛇信一样的形状,因为即便是文人,也大多见过"蛇矛"的实物——杆长一丈八尺,前端带有两边开刃的笔直剑型矛头的骑兵用长矛。

大约从明清之交开始,把"蛇矛"误认为"长得像蛇的矛"这种误读便一发而不可收拾,不但小说,甚至真的练家子也不能免俗。笔者出身皖北武术世家,家族恰好以马上长枪、查拳等见长,小时候回老家扫墓,曾见同族收徒教习武艺的"摆架子",场中所列祖传"十八般兵刃"中，赫然就有矛头弯曲、矛尖开叉的"经典蛇矛"，据说是清代传下来的，"错了管换"，不过那位同族的练武师傅坦言，这"都是样子货"："真打仗哪能用这样的矛头：刺人要么刺不进去，要么刺进去拔不出，不是找死么。"

有趣的是，直到今天仍有人利用网络之便，不动声色地增加着对"矟""槊""蛇矛"的误读，比如有人"孜孜不倦"地在各开放式在线百科、词典中修改词条，说"蛇矛"的矛尖"便于刺杀"，说制作矟杆用的是"上等韧木剥成篾，胶合而成，一支矟需要三年才能制成"，还说这样制成的矟有韧性、不易折断……不论宋代《武经总要》或明代《武备志》的记载，都和这种不负责任的说法格格不入。更夸张的是，这位自称"练家子"的"网络涂鸦者"还煞费苦心地炮制了"步矟"这一莫名其妙的概念——本文一开头就说了，只有马上用的、长一丈八尺的才能叫"矟"，步兵用的只能叫"铤"或者"矛"。

可见，张飞用的"丈八蛇矛"原本该叫"丈八马矟"啊。

一误再误的"年方"

如果某天某位读者朋友在什么场合碰上我，我介绍自己时说"本人陶短房，年方四十六岁"，您纵或嘴上给面子不说，心里也会有些犯嘀咕："这句话听上去好像没什么毛病，但就是觉得哪个地方不对？"

事实上还真就有"哪个地方不对"：最初"年方"是只能跟"二八"连在一起用的，也就是说，只能特指十六岁的青少年。

"二八"是什么？曾有人对这个"二八"也有误读，即认为是"二十八岁"。讨论诸如"古代'年方二八'的未嫁女是否属于大龄女青年"之类有趣的问题。当然，如今绝大多数中国人都很清楚，"二八"特指十六岁，在古代，女孩十五岁及笄，算作成年，十六岁正是当嫁之年，当然绝算不上"大龄女青年"的。

然而对"二八"误读的大幅度减少，却未能改变"年方"被频频误读的概率，时至今日，许多网页、甚至专业工具书上对"年方"的解读，或曰"年龄达到"，或含糊其辞曰"概指年龄"，却对何以最初"年方"总和"二八"一词"捆绑销售"避而不谈。

事实上，"年方"就是"二八"，"二八"就是"年方"，两个词的含义是完全一样的，"年方二八"是一个重叠复合词，起到的是加强语气的修辞作用。这样的重叠复合词虽不多见，但也并非仅有孤例，比如我们常用的"功勋""奖赏"，就是重叠复合词，而司马迁《报任安书》中所说的"臧获婢妾"，"臧获"是男奴和女奴，"婢妾"同样是男奴和女奴，这个同样是重叠复合词。

在古代受过正统教育的文人笔下，"年方二八"的运用是几乎不会出错的。比如被列入名士之林的"吴下三冯"之一，明末文学家冯梦龙整理的"三言二拍"，其中，"年方"出现的概率极大，如《月明和尚度柳翠》中"红莲年方二八，清歌婉转，煞是动人"；《陈从善梅岭失浑家》中"如春年方二八，生的如花似玉"。同样是由文人出身的凌濛初编纂的《初刻拍案惊奇》一书中，《刘元普双生贵子》一文说"兰孙年方二八，仪容绝世"；南曲《西厢记》是著名的"书生戏"，里面借土匪孙飞虎之口说崔莺莺"年方二八，见住河中府守丧"；考了一辈子科举的老书生蒲松龄《聊斋志异》中说窦氏"年方二八"；《醒世姻缘传》说"乡约魏才的女儿年方一十六岁，要许配人家"；汤显祖《牡丹亭》中杜丽娘"年方二八青春"；文人李汝珍所撰《镜花缘》说"一女子游玩而至，年方二八，轻盈秀雅"；才女陈端生《再生缘》中孟丽君"年方二八"……《聊斋志异》中蒲松龄也有说"年方及笄"的，及笄形容女子十五岁，离"年方"还差一岁，但毕竟相差不多，可算得一个变例。

"年方二八"的用法很快被通俗文学所"山寨"，比如《孽海记·思凡》中《山坡羊》"小尼姑年方二八正青春，被师父削去了头发"；《三国演义》中貂蝉"年方二八，色伎俱佳"；《水浒传》中琼英"年方一十六岁，容貌如花的一个处女"，等等，不胜枚举。

上面这些都是靠谱的正确用法，而对"年方"的误读实际上很早就开始泛滥了。

一是将约定俗成的使用范围扩展，从单纯形容少女的年龄扩展为也可以形容同年龄的少男，如《鬼神传》中说富翁尹恒升"自纳第三房妾室，所生得一子，名唤奇友，年方二八"。

二是将"年方"和"二八"拆分，让"年方"和其他年龄段的男人、女人联系起来。如《红楼梦》第二回说林黛玉"年方五岁"；《三国演义》说马超"年方十七岁，英勇无敌"，朱桓"年方二十七岁，极有胆略"；《水浒传》则集"年方"误读之大成——阎婆惜"年方一十八岁"、卢俊义妻子贾氏"年方二十五岁"、潘金莲"年方二十二岁"、刘太公的女儿"年方一十八岁，吃人抢了去"……这也罢了，书中说辽国统兵大将兀颜光"年方三十五六，堂堂一表，凛凛一躯……须黄眼碧，威仪猛勇"，其误读离谱之程度，快赶上文章开头我举例用的"陶短房年方四十六"了。

说到底，这些"误读"之所以发生，关键是误会了"年方"中的那个"方"字，将之解读为"刚刚""刚好"。由于对"年方"的误读发生得很早，也很普遍，且卷入误读的不乏《红楼梦》《水浒传》等当年虽属通俗文艺，如今却已被列入"中国古典文学名著"的知名作品,导致"年方"的误读不仅流传久广,而且根深蒂固。当然,一些现代在线解读、工具书在解释这个词时或闪烁其词,或一笔带过,也让误读变得更加普遍。

不过误读归误读,毕竟"年方二八"也算"普及型词组",不少人一边误读、一边却仍不免对"年方"和"二八"间的关系有一些模模糊糊,却挥之不去的印象,因此才会对诸如"兀颜光年方三十五六"或"陶短房年方四十六岁"之类的说法"总觉得哪里有点不对"。

当然,直到今天,仍有许多朋友对"年方二八"的本来意义知道得很清楚,明白"年方"就是"二八",即十六岁。前几天在

"知乎"上看见有人提了个有趣的问题，说为什么不能说"年方四四""难道四四不也是十六岁么"，引来许多人的热烈讨论和群起凑趣。套用一句对联和格律诗的术语，因为"年方"和"四四"语义完全重合，如果"年方四四"就有"合掌"之嫌，属于古汉语中约定俗成的禁忌，而"年方"和"二八"语义虽一致，却是不同的表述方式，属于"对偶"，是古汉语词汇的妙用——无论如何，这个提问表明：提问者自己对"年方"的意思是一点"误读"都没有的。

"颇有慈心"是有多少慈心？

　　《资治通鉴》中记载了一个广为人知的故事，说唐太宗李世民看到图谶说"唐三世之后，女主武王代有天下"，想到自己已是"唐二世"，自然十分紧张，就找寻各种借口杀害跟"武""女人"有关的人物，功臣李君羡因为小名叫"五娘"，官衔、地望又带有好几个"武"字（左武卫将军、武连县公，本人是武安人），便倒了十足的血霉，被疑神疑鬼的李世民吹毛求疵，硬挑出毛病，弄了个满门抄斩。可当李世民得意洋洋地跑去和著名风水命理专家李淳风炫耀"伟大胜利"时，对方却告诉他："臣仰稽天象、俯察历数，其人已在陛下宫中，为亲属，自今不过三十年当王天下，杀唐子孙殆尽，其兆既成矣。"简单说就是杀错人了。李世民大惊失色，打算"疑似者尽杀之"，李淳风赶忙劝阻，说既然这是天意，"王者不死"，真正的祸患恐怕是除不掉的，徒然滥杀无辜，而且在他看来，这个"武姓女主"要过三十多年才能"王天下"，到那时年纪想必不小了，"庶几颇有慈心"，对李唐子孙或许还能手下留情，如果真把她杀掉，上天要是再选个年轻气盛的"替补"来"肆其怨毒"，后果只能更加不堪设想。

这段故事具有很高的知名度，因为和后来武则天称帝、杀害大批李唐子弟，却又手下留情，导致晚年被亲儿子李显（唐中宗）成功"翻盘"的历史相近。细心的朋友或许会问，因为攸关自家生死存亡，和李淳风对话时的唐太宗李世民，情绪必定是极不稳定

的，一心劝阻他滥杀无辜的李淳风在"答疑解惑"时自然会字斟句酌，以免刺激对面这位手握生杀大权的敏感帝王，既然如此，他为什么要说那个李世民畏惧万分的"武姓女主"也许"颇有慈心"？

很多人，包括不少工具书，都把"颇"按照现在的语义理解为"不少""相当多"，那么"颇有慈心"的意思就是"相当有仁慈之心"，这可是一句相当不错的评价啊。李淳风有没有想过，这样夸李世民的敌人，刚刚杀错一家人的皇帝，心里会怎么想？

问题就在这里："颇"在这句话中的意思被很多人误读了。在这句话中，"颇"的确切语义不是"很多"，而是"有一点点"——也就比没有强一些。

知道了"颇"的意思是"有一点点"，就该明白"庶几颇有慈心"的确切含义是"大概会稍稍有一点恻隐之心"，也就是说还是会迫害、会屠杀，但不会把事情做绝。这段历史是后来人所书写的，自然已"剧透"了武则天的事迹，因此不论李淳风这段话的最初版本是怎样的，和最后的事态发展都会八九不离十——看到这里，"颇有慈心"的慈心究竟有多少，不就一目了然了么？

如果对这段《资治通鉴》中的文字看不大真切，那么不妨看看另一段古文中"颇"的用法。

纪晓岚《阅微草堂笔记》中说，他家奴的儿子傅显"喜读书，颇知文义，亦稍知医药"，这段记载中，傅显地位卑下，而且是被讥讽调侃的对象，纪晓岚说这个人性格特别迂腐迟钝，看见朋友魏三的妻子在井台边睡着，年幼的儿子在井边嬉水十分危险，却既不敢直接唤醒孩子母亲或拉住孩子，又不赶紧把事情通知魏三，而是不紧不慢地找到魏三，笃悠悠地款款道来，结果等魏三好不容易听完一堆废话赶到井边，儿子早掉到井里淹死了。

很显然，这个在字里行间被纪晓岚十分瞧不起的傅显并没有什么学问，虽然"喜读书"，但显然并没有真正读进去多少，所以思维、举止才会如此拘泥荒唐。既然如此，"颇知文义"中的"颇"，自然只能如前面《资治通鉴》里的"颇有慈心"那个"颇"一样，是"稍稍""比没有略多"的意思，"颇知文义"的意思并不是"学问很大"，而是"比文盲稍好些"之意，就文化程度而言，是一句只比"差评"略好一些的评价——如果还看不明白，不妨对比一下下文的"稍知医药"，这里是文言中常见的"宽对"修辞写法，"颇知文义"的评价等级，是和"稍知医药"相近的，"稍知医药"的意思至今也没有太多变化，几乎不可能被误读，既然"颇"和"稍"的评价差不多，那么就应该明白，它在这里的真实含义，就是"稍稍""有一点点"。

其实，"颇"最早的意思就是"稍微""一点点"，而"不少""很多"这个如今为人所熟知的含义，是直到近代才出现的。

比如《汉书·艺文志》中援引王莽大臣刘歆的话，说汉成帝时皇帝因为"书颇散亡"，特意派了一位叫陈农的大臣"求遗书于天下"。当时西汉虽已由盛转衰，但天下大抵太平，首都长安也并没有遭遇劫难，皇家藏书的损耗，主要是阅读、转借、搬运等常规消耗，"颇散亡"在这里意思是"稍稍有一些损耗"，因此才需要派人去民间搜集，以作拾遗补缺，而不能误读为"皇家图书馆的书丢了很多"。历史记载中说，汉成帝刘骜虽然政治资质平庸，而且性格软弱，贪恋女色，但读书很多，是一位出了名的"高知"型皇帝，很难想象这样一位自幼手不释卷的皇帝，会坐视自己皇宫藏书损耗到如此不堪的地步才出手补救。

《汉书》的作者班固曾经批评《史记》作者司马迁"是非颇谬于圣人"，对这一评价，司马光等许多后世学者都认为不客观，但他们对班固的指责是比较温和的——之所以温和，是因为班固的说法并非如某些人所误解的那样，是斥责司马迁"论述是非的说法和圣贤大相径庭"，而只是说他的这些论述说法和圣贤标准"稍微有那么一点不一样"——当然，这只是一种委婉措辞，真实含义可能要不客气得多，但仅从字面上理解，"颇"却仍然是"一点点"，不是"很多"。

《资治通鉴》中说，李元吉想趁李世民来家中做客之际设伏行刺，太子李建成"性颇仁厚，遽止之"，制止了这次暗杀行动，并引发李元吉的不满。《资治通鉴》同样是根据这场争权斗争中的胜者——唐太宗留下口径编纂的史书，在这段记载前后，写满了李建成、李元吉合谋陷害李世民的事迹（当然，李世民针锋相对的做法就被"为尊者讳"了许多），此次波折不过是这兄弟二人枝节上的小分歧，书中也并未打算给李建成翻案，说他"性颇仁厚"，不过是评价他的本质至少比李元吉强一些而已，这也符合唐代官方的口径，即李建成"本质不算坏"，是被"坏到骨头里"的李元吉怂恿和利用了。两人后来的谥号，李建成是"隐"，是偏中性、有分寸的评价；李元吉是"刺"，是几乎没有一点"光明面"的十足"差评"，按古代的说法是"下谥""恶谥"。

"颇"的这个"稍稍""一点点"含义直到晚清都没有太多变化，演变为"很多"是较晚的。编纂于咸丰年间的湘军研究太平天国情报集《贼情汇纂》的开篇是"首逆"和"剧贼"的事略，其中说太平天国重要领袖、后护又副军师北王韦昌辉"颇知文义，阴柔艰险"，有研究者因误读这个"颇"，以为这里是说韦昌辉学问不小。其实这部《贼情汇纂》虽然编写得很认真，但毕竟是"敌我矛盾"，站在清方立场的主编张德坚在别处再怎么客观，在相当于"政治鉴定"的事略中却毫无例外地将太平天国领袖们写得獐头鼠目、猥琐不堪，因此后接"阴柔艰险"的"颇知文义"，也只不过是说这个"首逆"多少认得几个字，不是文盲，如此而已。

昨晚构思这篇小文时正和一位朋友一起吃饭，聊到这个"颇"字的误读，朋友顿生举一反三之灵感，说："照古意，可以形容我们俩'颇食鱼'。"其实我和这位朋友都十分不爱吃鱼，除非避无可避才会勉强伸一下筷子。

敌国就是"敌对国家"吗?

在读这篇文章前不妨先考一考您:什么叫"敌国"?

"这还不简单?张口就来么——敌国,就是和本国作对的国家,要么处于战争状态,要么处于冷战之中,就算最低级别的对抗,也应该是彼此断绝外交关系吧。"

这个说法当然是对的,"敌国"这个词在很早就含有"敌对国家"这个今天人们耳熟能详的意思。

《史记·淮阴侯列传》里,韩信被刘邦的武士擒获后,曾长叹:"果若人言'狡兔死良狗亨,高鸟尽良弓藏,敌国破谋臣亡',天下已定,我固当亨。"这里的"敌国",自然只能有"敌对国家"一种解释。

韩信自己也说这带有"敌国"二字的言语并非自己的"原创知识产权产品",而是从别人那里听来的。这个"别人"是谁呢?是韩非。《韩非子·内储说下》在谈及越王勾践灭吴一事时,说吴国太宰伯嚭在吴国灭亡前写信给越国大夫文种,说:"狡兔尽则良犬亨,敌国灭则谋臣亡。大夫何不释吴而患越乎?"试图说服文种从自身利益的角度考虑,允许吴国存活下去。文种虽明知伯嚭言之有理却自感无力回天,只能在"太息而叹"后下令继续攻击吴国。《韩非子》这一部分内容通篇列举春秋、战国时谋臣"吃里扒外"的典故,力图向"目标读者"各国君主证明,"再忠实的大臣也不完全可靠、也是有私心的",因此这句著名的谚语,很可能还有更早的出

处。不过从逻辑上分析，这句极富辩论色彩和策士特点、甚至带有一丝"煽动性"的"顺口溜"，很可能是战国时代"百家争鸣"中游说各国、谋求一官半职的纵横家和策士们所编纂，并假托给夫差或伯嚭等这些当年的"历史名人"的。

然而，"敌国"这个词从一开始，就并非只有"敌对国家"这一层含义，而是另有一层看上去近乎截然相反的意思，就是"势均力敌的国家"。

《孟子·告子下》中"生于忧患、死于安乐"这句流传千古的名言为世人所熟知，其实，这段文章中还有一句"入则无法家拂士，出则无敌国外患者，国恒亡"。许多读者，甚至一部分语文专业工作者都把这句《孟子》名言中的"敌国"和"外患"相联系，认为其仍然指"敌对国家"，实际上历代学者几乎众口一词地指出，这里的"敌国"并不是指"敌对国家"，而是指"和本国势均力敌的国家"，孟子这句话的真正含义，是"如果没有势均力敌的邻国和外来侵略的威胁（"外患"），君主就可能因有恃无恐、高枕无忧而丧失警惕性"。

"敌"最初的含义就是"相当""相等"，因此才有"势均力敌"等成语，而"仇敌""敌对"等如今人们所熟悉的含义，则反倒是引申义，因为在古人看来，只有势均力敌、实力差不多，才可能出现同时出自双方意志的敌对或战斗行为。从这些线索看，"势均力敌的国家"才是"敌国"的第一层含义。

当然，"敌对国家"这一层含义出现得同样很早（孟子卒于公元前289年，8年后韩非即出生，《孟子》的成书年代应只比《韩非子》早几十年），因此也可以算是"原始含义"，本文所说的"误读",是指当代许多人将这两层含义相互混淆,从而造成了许多误会——前面提到的《孟子》文章,就曾以《生于忧患死于安乐》为篇名,长期被收录于中学语文课本中,且课本对此的注解是正确无误的,但将"敌国"的两个意思相互混淆的国人,却仍旧不在少数。

由于"敌国"的第一层含义仅有"势均力敌"的意思,而不带有"互相仇视敌对"的色彩,因此使用时往往会带有和"敌对国家"反差强烈的含义。如从先秦一直到清代,都不断有训诂学家争论"武王伐纣前商、周是否为敌国"。如果"误读"这里的"敌国"是"敌对国家"之意,读者就会疑惑这些酸书生是不是疯了——商、周都开战了还怎么不是"敌国"?然而训诂学家们讨论的问题其实是另一个,即"商朝还没灭亡时周国究竟是商朝的属国,还是一个独立、与殷商平行的对等国家"。

"敌国"的这第一层含义还很早就引申出相互关联的又一层含义——同样是"势均力敌"的意思,但形容对象却变成了人。

《史记·游侠列传》中记载,汉景帝三年(公元前154年),西汉爆发了吴楚七国之乱,汉景帝刘启任命周亚夫为统帅,讨伐吴、楚叛军,由于当时汉军主力集中在河南郡,周亚夫不得不"乘传车"(乘坐官方派出、逐站接力的特快马车)兼程赶赴河南,一路上十分担心著名游侠剧孟会被叛军拉拢,给汉朝带来大麻烦。快到河南时,他忽然路遇特地来投奔他的剧孟,大喜过望,说:"吴楚举大事而不求孟(剧孟),吾知其无能为已矣。"司马迁就此评价说,剧孟虽然是"草根人物",但一旦碰上"天下骚动"的时候,"宰相得之若得一敌国云",意思是说,剧孟有相当于一个和汉朝势均力敌的国家的实力，谁得到剧孟的帮助，谁就能在胜利的天平上添加至关重要的一块砝码。

这种用"敌国"指代至关重要人物的用法此后不绝于书。《后汉书·吴汉传》提到东汉开国之初常常打败仗，"诸将见战阵不利，或多惶懼，失其常度，（吴）汉意气自若，方整厉器械，激扬士吏。帝（东汉光武帝刘秀）时遣人观大司马何为，还言方修战攻之具，乃叹曰：'吴公差强人意，隐若一敌国矣！'"意思是说，在诸将中，唯有吴汉给人以宛如势均力敌国家般的威严和不可侵犯之感，算是勉强令他满意的。一些"专业网站"甚至工具书将之解读为"刘秀说吴汉沉着威重如敌对之国"，就简直误读到令人发指的地步了——当时天下尚未太平，一个马上皇帝形容其大司马（相当于国防部长）"如敌对之国"，不等于逼人家谋反么？

比窦娥还冤的"封建"

20世纪以来，中国史学界曾为所谓"封建说"吵得莫衷一是：范文澜先生坚持认为"西周封建"，在他编纂的《中国通史》中，"封建社会"是从西周开始的；郭沫若坚持认为"战国封建"，在他撰写的《中国史稿》中，"封建社会"则是从战国时代开始的。此外，还有"春秋封建说""两汉封建说""魏晋封建说"……尽管表面上，这些"封建说"以写入中学教科书的方式，被所谓"公元前475年封建说"这一折衷说法所"大一统"，但争论直到今天也仍然此起彼伏。

然而，这些前辈及其徒子徒孙恐怕也就是欺负汉字不会张嘴说话，否则"封建"二字势必要连连惊呼——我可比窦娥还冤啊。

因为"封建说"争论各方对"封建"这个古老中国概念的解读，可以说都是"误读"，无一例外："封建"在两千多年的漫长岁月里，其真实含义和如今人们所熟知的"封建"大相径庭，甚至在有些层面上是截然相反的。

所谓"封建"，在汉代字典《说文解字》中是被拆分为"封"和"建"的。"封"就是"爵诸侯之土"，即把土地和土地上的民众授予诸侯；"建"就是"立朝律"，指允许诸侯建立一套相对独立的体制、典章、舆服制度，以及一个国家所必须的宗庙社稷。两个词合在一起，就是分封诸侯，并赋予他们对所分封领土的各种支配权，而诸侯则以效忠王室，履行朝贡、从征等各项义务作为回报。

最早出现"封建"一词，是在《诗经·商颂·殷武》中，说殷高宗武丁"命于下国，封建厥福"，而西周初年的分封诸侯，则被中国历代称为"大封建"，视作中国"封建"的典型。

《左传·僖公廿四年》中，周襄王姬郑的大夫富辰劝说襄王召回流亡的弟弟姬带，说："昔周公吊二叔之不咸，故封建亲戚，以蕃屏周。"杜预对此的解释是："周公伤夏、殷之叔世，疏其亲戚，以至灭亡，故广封其兄弟。"意思是说，"封建"的初衷，是通过扶植和王室有血缘或其他亲近关系的诸侯国，作为王室的屏藩和呼应。

"封建"不仅仅指授予皇亲国戚或臣子王、公、侯之类封号，还包括封地内一整套完整的权力、仪仗和体制，按照孟子在《孟子·尽心下》中的概括，就是"土地、人民、政事"这三件"诸侯之宝"，如果"三宝"不具备或不完全，即便有王、侯之类的称号，也仍然不能叫作"封建制度"。

汉代贾谊说"秦废封建",并非指秦始皇统一六国后就没有封爵,实际上秦始皇、秦二世时"列侯""伦侯"的封爵称号是一直存在的,但这些"诸侯"只不过是酬赏军功的"二十等爵制"的附属品,使用了周代诸侯的名称而已,实质上是仅有称号、荣誉和一些相应的礼仪、福利、物质待遇,而既无封地、更无封地管理权的空头封爵;西汉初年惩于秦"孤立而亡",大封王、侯,这些王国、侯国拥有"三宝",因此被一部分学者认为是"复封建",但另一部分学者却认为,西汉即便在诸侯实力最强的早期,也是既有诸侯国,也有直属中央的郡县,且所有郡县加起来的土地、人口、军事和经济实力,都远胜过当时最强大的几个诸侯国中的任意一个,因此不能算完全意义上的"封建"。汉景帝时,因诸侯国尾大不掉,开始旨在削弱诸侯国实力、自主权的"削藩",激起吴、楚等七个诸侯国的"七国之乱",叛乱平定后西汉皇室采用"推恩"(允许诸侯将自己封地拆分封给子孙,从而使诸侯国越来越小)、收权(逐步收回诸侯国人事任免、地方行政和军事权力)、"酎金"(挑剔诸侯进贡用于祭祀的金银成色,以此为借口处罚诸侯)等手段,让诸侯逐渐变为"惟得衣食租税、不与政事"的普通贵族,这一过程则被唐代柳宗元、宋代苏轼等人认为是"去封建"化的过程。

此后历朝历代,诸侯的名号时有时无(大多数时候是有的),但要么"食土而不临民"(可以享受封地上交的一部分税赋,但无权对封地行使行政管辖权,唐代玄宗以后的诸侯王大多如此),要么"临民而不理事"(王府建在封地范围内,但封地的各项权力却属于中央派遣的流官,王府不得过问,明代诸侯大多如此),要么既临民也理事，但理事时的身份却是朝廷委任的刺史、都督等官职（两晋南北朝时许多诸侯就是如此），更多时候则像宋代、清代那样，诸侯们只是挂着个某王、某公、某侯的头衔，享受规定的相应礼仪、待遇，却并不能享受封号对应地方的任何权益。对这些徒有虚名的"封建"，大多数学者认为"不是封建"，而按照"三宝标准"，中国几千年历史上除了辽、元等几个少数民族朝代的特定时段，就再没有真正意义上的"封建"出现，因此，唐初名臣长孙无忌直截了当地将"封建"称为"三代封建"，而"三代"中的夏代至今找不到当时的确切文字佐证，商代是否真的"封建"（即那些商代诸侯国究竟是分封的还是本来就独立建国，只是名义上臣属于商的）也很难说，"100%的封建时代"，恐怕只有周朝才能算。事实上不论支持或反对"封建"，在中国古代都把"周封建"当作典型模板来剖析。

从秦代开始，直至晚清，都不断有人歌颂"封建制"，认为"周封建而久，秦孤立而亡"——"封建"的周朝绵亘800多年，"不封建"的秦自统一至灭亡，却只有短短的15年，因此，历朝历代都有人希望至少局部恢复"封建"，如西晋武帝司马炎让各诸侯王"建军"，唐太宗李世民一度试图实行"刺史世袭"等。但总的来说，"反封建"的主张占据了绝对优势，如柳宗元在《封建论》里称"封建非圣人意也，势也"，意思是说，任何帝王都不会赞同分散自己权力的"真封建"，"三代封建"只不过是当时形势使然，王室根本无力对诸侯内部事务指手画脚，只能承认既成事实，而苏东坡《论封建》则称赞柳宗元的观点"虽圣人复起不能易也"。甚至连可能的"封建受益者"也有许多不赞成"封建"的——比如前面提到的长孙无忌，本来是"内定"世袭刺史之一，可他却上疏反对世袭刺史制度，并直言："缅惟三代封建，盖由力不能制，因而利之，礼乐节文，多非己出。两汉罢侯置守，蠲除曩弊，深协事宜。今因臣等，复有变更，恐紊圣朝纲纪；且后世愚幼不肖之嗣，或抵冒邦宪，自取诛夷，更因延世之赏，致成剿绝之祸。"认为"封建"是当年不得已而为之，其结果导致地方权力分散，皇权被削弱，汉朝实行郡县制十分妥当，不应该再有所更张，而且功臣亲戚的后代未必有能力，更未必和朝廷同心同德，一旦诸侯国的继承人是个"不当人选"，后果不堪设想。

当然，大多数推辞"封建"的"受益人"是有私心的，或担心子孙不肖触犯朝廷法律，酿成灭族之患，或如长孙无忌一样，本已在朝廷中枢获得很高的权力地位，将"永久外派"当成苦差而非荣耀、享受。不仅如此，包括"受益人"在内，大多数人心里清楚，皇帝的本意多是倾向"不封建"的，因此，两汉以后的"封建支持者"虽多，却也只能羞羞答答地提出"封建与郡县不可偏废、相辅相成"（如顾炎武）的说法，而这种"局部封建"严格说已不能算"封建"了。

不难看出，中国传统意义上的"封建"，其"典型年代"是西周和春秋，而"废封建"则始于战国，总成于秦始皇统一六国，这和文章开始范文澜、郭沫若等的各色"封建说"不但相互矛盾，甚至截然相反——"475年封建说"是将西周和春秋称作"奴隶制社会"，而把战国称作"封建社会开始"，把统一六国的秦朝称作"中国第一个统一的封建王朝"的。

之所以如此，是因为这些论者无一例外套用了西欧史学的

"封建"概念，将土地私有称为"封建"。然而西欧的"封建时代"千真万确实行了类似中国西周、春秋的诸侯分封的体制，中国的历史却是先有诸侯分封体制、后有郡县集权制度，且土地私有化是与郡县制的崛起和诸侯分封制的消亡相对应，而非如西欧那样正好相反的，生搬硬套地将"西欧封建"概念套在中国历史头上，就出现了如今这种误读到不伦不类、无可奈何的地步的现象。

当然，现在我们口语也常说某个人真"封建"，这里的"封建"是指这个人思想保守落后。

什么是"压轴戏"？

一次，国内某知名媒体将某领导人的闭幕讲话称之为"精彩的压轴好戏"，当时就有朋友在网上指出，媒体的上述形容并不妥当，是将"压轴"这个梨园行的行话给"误读"了。

所谓"轴"，其实最初也是戏曲界从书画界借来的一个概念，元、明之交的南戏、北戏，演出时常常连演四本，俗称"早轴子""中轴子""压轴子"和"大轴子"，这是将戏曲比拟为书画艺术，用卷轴画从右到左的不同部分，形容戏曲的不同阶段，属于"通感"的修辞手法。到了明代，士大夫或富商家庭盛行养戏班，每逢立名目唱戏（按照后来的说法，就是所谓"堂会戏"），经常从早到晚"唱连台"，甚至通宵达旦，"早轴子""中轴子""压轴子"和"大轴子"的说法，就演变为指称同一次演出中不同时段上演的剧目了。

　　这种从同一剧目不同部分到同一演出不同剧目的演变，是和中国戏剧表演的演变过程相对应的：传奇剧初起时，习惯于连本长篇，一出戏动辄十几本、几十本，一天甚至几天都演不完，"轴子"自然只能指同一出戏的不同部分；后来人们的欣赏取向悄然生变，不再热衷于一次看整部，连精华带糟粕囫囵吞枣地咽下，而是将整部戏中最精彩的部分专门挑出来演"折子"。像整本《西厢记》《牡丹亭》，明代后期已很少上演，取而代之的是《拷红》《琴挑》《游园》《惊梦》等"折子"。这样一来，一次演出就可以看3~5个甚至更多的"折子"，于是"轴子"的概念就延伸到指同天上演的

不同剧目,久而久之,真的演整部大戏时,反倒很少有人再用"轴子"称呼其不同部分了。

清乾隆五十五年(公元1790年),扬州"三庆"徽班应诏进京,此后众多徽班接踵而至,这就是被公认为京剧形成关键节点的"徽班进京"事件。这些徽班是以"为皇帝祝寿"名义进京的,但扎根京城后纷纷转入商演,并对剧目和演出形式进行了适应北方观众、市场需求的改革。

徽班的"皮黄"演出一般一天场分三个"轴子","早轴子"是"暖场"戏,一般是一整本戏,由班中演员轮番上台"热身",并借以吸引观众购票入场,如侯宝林先生《关公战秦琼》相声中所说的"天桥戏班子"演京剧"开场戏没人听",指的就是这种"早轴子"戏,因为久而久之,老观众都知道"早轴子"是相对不甚精彩的"暖场戏",所以往往刻意等"早轴子"唱完再入场,即便入场也会忙于应酬、聊天、喝茶、吃点心,无心听戏;"中轴子"和"压轴子"则被合并为一体,是全天演出的精华,有时是一整部"大戏",有时则是3—4个"折子"(当时行话叫"散套")凑成的"大拼盘"。这个时段观众最多,懂行的老观众更多,戏班子为保住招牌、拉住回头客,会抖擞精神、精英毕出,争个"满堂彩"。因为是全天演出中最精彩的部分,所以才叫"压轴子",意思是"足以压住整幅画轴",一天的演出别的部分可以马虎、差劲一些,只要"压轴"精彩就算大功告成。

那么"大轴子"呢?

卷轴画中的"大轴",是指自右至左打开一幅画,到最左时的那一根"轴",对于卷轴画而言,"轴"是不可或缺的,是整幅画的一部分，却并不是这幅画的主要部分，大多数欣赏画卷的人甚至往往会忽略掉这根"轴"的存在。徽班戏的"大轴子"也是如此，"压轴子"唱完，名角们筋疲力尽，观众们也口干舌燥，累得不行，许多老戏迷会选择在这时候离场，免得都在散场时出门会挤着踩着，留下来看到底的也人困马乏，又开始进入"聊天喝茶打盹"的"休闲环节"，因此"大轴子"通常都是由徒弟、龙套和武行们上台"又翻跟头又开打"，一来热闹一些，台下观众打瞌睡的会少一点，二来也是给回头客们递个"暗号"："大轴开锣了，您明儿个请早。"

说到这里大家明白了吧？文章开头处所提到的那家媒体，错将"压轴"当成了"一次演出的最后部分"，并因此不正确地将闭幕讲话说成"压轴戏"，正确的说法应该是"大轴戏"才对。

2000年第12期《咬文嚼字》曾刊出一篇《梅兰芳压大轴》的文章，作者在文章中不仅将"压轴"和"大轴"两个不同的概念混为一谈，概称之为"压大轴"，且字里行间流露出"大轴才是演出中最尾段和最精彩部分"的意思，一位读者翌年致函杂志社，就此提出商榷，澄清了"压轴"和"大轴"两个不同的概念，并得到了《梅兰芳压大轴》作者本人的认同和公开致歉、澄清，当时传为一段学术佳话。

但事实上，商榷信本身也不乏可商榷之处。

商榷信中说"压轴"和"大轴"不是一回事而是两个不容混淆的概念，"压轴"不是最后一出戏，"大轴"才是，这些都是正确的；但信中说"大轴戏"就是"送客戏"，观众"（大）轴子一上就套车"，"大轴子戏"是清一色的武行表演，是"一打一散"（通俗说就是《关公战秦琼》里侯宝林先生形容的"你我一见面就开打，你把我打跑了不就完了么"那种玩意儿）的货色，并不精彩，有经验的老戏迷不屑一顾。这些说法就未必尽然了。

随着社会生活节奏的加快，剧场演出这种市井气息浓厚的表演形式也在不断变化，一天的演出往往不是一整场，而是分为早、中、晚多场，每场的演出时间缩短以照顾观众的需要（毕竟不是谁都有钱有闲在戏园子一泡一整天的）。如此一来，买票进场的观众就不再满足于光听一个精彩的"压轴子"，而希望"早轴子""大轴子"也同样值回票价，尤其期待"大轴子"不再满足于"又翻跟头又开打"，而同样是一出好戏。

在这种情况下，一些戏班子先是丰富"大轴子"的表演形式和内容，不再局限于"全武行"，如身为戏迷、票友的老舍先生在《四世同堂》第六十三回里说，一次京剧演出"戏码相当的硬"，压轴是《鸿鸾禧》，大轴则是"名角会串的《大溪皇庄》"，很显然，在这次演出中，"压轴"仍然是重头戏（名角出场的全本大戏），而"大轴"虽仍是"大会串"的形式而非正经全本戏，却是"名角会串"，精彩程度已与"压轴"难分伯仲。而相声《关公战秦琼》里同样熟知民国时代京剧掌故的侯宝林先生，在描绘虚拟的"大军阀韩复榘堂会"时说了三出戏，头一出（早轴子）是《百寿图》，二一出（压轴子）是《御碑亭》，末一出即"大轴子"则是全本"红净戏""文武带打"的"千里走单骑""过五关斩六将"。不难看出，到了民国时代，至少抗战前，剧场或堂会已出现将"整本大戏"安排在"大轴"的趋势，"大轴"和"压轴"俨然"两头沉"，在演员阵容、精彩程度和观众重视程度上已不分伯仲。

宝文堂书店出版的齐崧《谈梅兰芳》一书中曾提到民国时代

那些常识的真相

梅兰芳访美回国，在北平开明戏院参加演出，此次演出的"压轴"是尚和玉《四平山》，"大轴"则是梅兰芳《汾河湾》，当时正是梅老板如日中天的年代，如此安排，"大轴"的分量似已压倒"压轴"；同一书中提及另一次在第一舞台的"大义务"联合演出，当天的"压轴"不详，"大轴"则是梅兰芳、杨小楼合演《霸王别姬》——虽然"大义务大合作"通常群星荟萃，但梅杨组合的分量，恐至少不会逊色于同时代任何一个"压轴组合"。或许那位《梅兰芳压大轴》的作者正是因为这些缘故，才在自己文章中将"压轴"和"大轴"混为一谈了吧。

"压轴""大轴"在悠久的汉语演变史中属于较晚产生的概念，本义、引申义变化并不算大，用"压轴"来形容"最后的精彩时段"属于误读，"最后时段"应属"大轴"，"最精彩时段"传统上的确属于"压轴"，但并不明晰。至于有人将"压轴"写成"押轴"，就更是大错特错了。

关公的大刀有多重？

大约每十个中国人中，能听懂"关公面前耍大刀"这句俗语的至少有九个半。在华人的心目中，汉末名将关羽是天下使长柄大刀的"刀祖宗"，在关公面前耍大刀，那简直就是自取其辱。

关公不仅是历史名人，在经过近两千年的演绎后，又"兼职"做了警察保护神、财神等多种"职位"，因此大陆以外一些华人聚居区的警署，天南海北的中餐馆，也多供有关老爷凛凛生威的神像，那口被称作"青龙偃月刀"，又俗称"关王刀"的长柄大刀也照例是"标配"，要么自己挎着提着，要么让"警卫员"周仓扛着，总之是不离左右，俨然是关老爷的"注册商标"。

不过关老爷的大刀究竟叫什么名字？有多大重量？其实说法

是不一样的。

　　鲁迅曾将关王刀写作"青龙掩月刀"，在当时一度引发激烈争议，有人说鲁迅虽是大文豪，也不免偶尔写错别字，也有人引经据典，认为鲁迅写得本就没错，这刀原来就叫作"青龙掩月刀"，写作"偃月刀"反倒是后人的误读。

　　另一个争议焦点是关王爷的大刀究竟有多重。《三国演义》第一回中说关羽"造青龙偃月刀，又名冷艳锯，重八十二斤"，但这是清代二毛（毛纶、毛宗岗）定稿后的说法，在更早的《三国志平话》中，关羽的大刀"重八十三斤"，二毛给减去一斤，不知是何道理。此外，成书稍早于《三国演义》的《水浒传》第四回中，鲁智深找到铁匠，要打一条一百斤重的镔铁禅杖，铁匠铺中的"待诏"说"便是关王刀，也则只有八十一斤重"，鲁智深不满道"俺便不及关王？他也只是个人"。书中所写的铁匠铺手艺十分精湛，鲁智深更是阅历丰富的资深军官，作者也是个谙熟元代江湖掌故的民间文人，既如此写，足以表明至少在元末，关王刀重八十一斤是较多人的共识。

　　那么，八十一斤、八十三斤、八十二斤，到底哪些是误读？哪一个才是正确答案？

　　以上说法都不是，实际上，讨论到底多重也没有太大意义。在这段掌故中，真正被误读的不是别个，恰是"关公耍大刀"的说法——因为关公根本不可能耍大刀。

　　如今我们看到的"经典"关王刀，最早的图形出现在北宋编纂的工具书《武经总要》里，称作"掩月刀"，明、清两代的偃月刀沿袭了"宋版关王刀"——掩月刀的形制，只是有所改革而已。

　　为什么不会有更早版本的关王刀？

关王刀是一种长柄刀，用于战阵的长柄刀直到唐代才成形，是两面有刃的造型，叫作陌刀，也称拍刀，其起源是汉代的斩马剑，更早则可追溯到战国后期的铍，这种两面开刃的长柄刀，主要用法是刺、劈、扫，和关王刀截然不同，且需要较高技巧，因此在唐代以前是少数军官、军士使用的冷门兵器，直到唐代才出现大规模的"陌刀队"，但由于陌刀刃薄，在战阵中很容易损耗，且训练陌刀队难度大、周期长，到宋代后又渐趋衰落，以至于如今的人们已搞不清陌刀的确切形状了。

宋代双刃长柄刀又恢复其冷门兵器的地位，《武经总要》中列有屈刀、掩月刀、眉尖刀、凤嘴刀、笔刀、掉刀和戟刀七种长柄刀，其中五种是和掩月刀类似的单刃厚背刀，只有掉刀一种是两面开刃的，这种掉刀到明代演化为三尖两刃刀，明代所绘的历代名将图中，唐代名将郭子仪提着一口三尖两刃刀，这显然是设计者知道郭子仪善用陌刀队，却实在搞不清陌刀长什么样，只好给他"穿越"了一口同样两面开刃的三尖两刃刀了事。

明代的制式长柄刀只有两种——偃月刀、钩镰刀，"长相"其实差不多，后者可以被视作前者的简化版，之所以如此，是因为两种刀用途不同，偃月刀专门用于在演武场"操练示雄"，所以造得十分沉重，且装饰精美，而钩镰刀是实际用于战阵的，造得轻便朴实。这种习惯被清代所延续，清代的武科举有一门舞刀的必考内容，要求"刀必舞花"，而所用的"考试工具"，就是标准的"礼仪版青龙偃月刀"，重量则分八十斤、一百斤和一百二十斤三种。

值得注意的是，宋代把这种刀叫"掩月"，明代才变成"偃月"，这恐怕是受了元杂剧的影响——目前最早出现"偃月刀"

名称的，是关汉卿所写的《关大王单刀会》，很显然，"偃月"是对"掩月"的误读，好在两个词都是形容刀刃的形状，且都很贴切。

既然如今被视作"标配"的关王刀，其造型实际上要到几个世纪后的北宋才成形，说关公使偃月刀、掩月刀，说这口刀重八十一斤、八十二斤或八十三斤都是误读，那么关公当年到底使什么武器？

汉代武将最常用的长柄兵器首推戟，其次是矛，《三国演义》里所载的一些使大刀的武将，如许褚、张辽等，在《三国志》中都能找到他们实际上使戟的明确记录。至于关羽，唯一记载其临敌场面的正史是《三国志·关羽传》，说他在官渡"望见良（袁绍大将颜良）麾盖，策马刺良于万众之中"，用的是一个"刺"字，这个"刺"在《三国志》其他篇章，以及宋南涛《绍兴重修庙记》和黄茂才《武安王赞》中都沿用。汉代的长柄斩马剑是步兵武器，关羽在马上使用的，只能是戟或者矛。

北宋以后"误读"的"关公耍大刀"已深入人心，但偃月刀之类尖刃略上翘，虽不能说完全不能刺杀，但毕竟很不方便，单骑冲阵实施"斩首行动"的关羽何以会在如此危险的环境里冒险使用极不方便的"刺"，实在是很难自圆其说的一件事，对此关汉卿采用了"二分法"，一方面让关公继续使他的偃月刀，另一方面在台词中让他"交代"自己当初是用宝剑刺杀颜良的，但此说其实更不合理——汉末武将上阵时佩的是环首刀，只有文官在礼仪场合才"朝服佩剑"，参与官渡大战的关羽自然不会特意挂把不合时宜的宝剑，专为演示一个"刺"的动作。而二毛在注释《三国演义》时的处理方法就比较巧妙：将之解读为作家为烘托战场气氛而别具匠心的艺术加工。

那么，就真的没有"关王刀"么？有还是有的。

南朝梁陶弘景《古今刀剑录》中记载，关羽"为先主（刘备）所重，不惜身命，自采武都山铁为二刀，铭曰'万人'，及羽败，惜刀，投于水"。陶弘景是南朝著名学者、道士，学识广博且因炼丹而富有冶炼阅历，南梁距汉末三国不远，其记载应该是基本靠谱的（说"基本"是因为武都郡直到蜀汉后主建兴七年即公元229年才被蜀汉占领，而关羽则在公元220年就已经死了，恐难在追随刘备后"自采武都山铁"，要知道武都郡在今天甘南、陕南一带，要特意跑一趟可并不容易）。

如果陶弘景的记载可靠，那么真实无误的"关王刀"应该是一对类似环首刀的平背尖刃双刀，刀的名字则叫"万人"（意思是说自己持刀深入万军之中，或自夸有万人敌之勇略）。由于是双刀，其功用主要是防身，而非主战的长兵器，其重量也应该只有几斤，至多十几斤重——连鲁智深所使的禅杖也"肥了不好看又不好使"，最终接受铁匠的建议改为六十二斤，何况随身佩带的佩刀呢？

混淆视听的常识

"春风十里"莫胡吹

某位名噪一时的"当代诗人"一句自诩"独创"的"春风十里不如你"莫名其妙走红,莫名其妙被众多"古风歌词写手"毫不客气地"山寨",又莫名其妙地被无数"小网红"和渴望成为"小网红"的人们摘抄,变幻成各种各样的甜言蜜语,去讨好自己心目中的女神。

从"独创"者开始,迅速繁衍壮大的这许多"春风十里"的弟子、再传弟子和徒子徒孙,尽管文笔半通不通,体裁林林总总,所用场合也有公开、私密之不同,但有一点是共通的,即首先认为"春风十里"是用来形容好女子的,这个女子必定是才貌双全、气质不凡;其次,认定"春风十里不如你"是对一名女性的极高赞誉,通俗说就是"比花儿还美"。

然则这恐怕是最滑稽、荒唐的误读了："春风十里"的本义的确可以用于赞美女性，但其赞美的对象却是古代的妓女。

实际上，"春风十里"这个词绝非如那位语出惊人的"当代诗人"一度所自诩的，是"灵机一动的独创"，而是早已有之的诗词熟典。这个熟典第一次面世，是在唐文宗大和九年，也就是公元835年的事，距离今天已有近一千二百年之久了。

首创这一典故的是中唐著名诗人杜牧。

杜牧的祖父杜佑曾在唐德宗时任宰相，他本人又年少得名，二十五岁就连中进士、贤良方正直言极谏高第而名噪一时，自负文武双全，能成就一番大事业，但不知为何却"高开低走"，及第后任职起点就比别的官宦子弟低一头，以后终其一生，也始终没遇到时来运转的良机，一生中最高职位，京官不过中书舍人，地方官不过刺史，郁闷不平之余，他只得在脂粉和翰墨间找寻自己的存在感。

杜牧是大和二年（公元828年）登第当官的（弘文馆校书郎，相当于科员级秘书兼实习参谋），仅半年就外放江西担任地方官的幕僚，先后随上司沈传师转任洪州（江西南昌）和宣州（安徽宣城），大和七年（公元833年）四月沈传师奉调进京，他却被历史上大名鼎鼎的"牛李党争"男主角之一——时任淮南节度使的牛僧孺录用，成为后者的幕僚。

牛僧孺当时处于政治生涯低谷，但地位仍然很高，是所谓"使相"（带"同平章事"头衔的节度使，地位和宰相理论上相等），且很欣赏杜牧的才能。但扬州当时是承平繁华之所，节度使幕僚并没有太多建功立业、平步青云的机会，杜牧先后出任的推官、掌书记之类幕职，都不过是些处理日常公文、参与官场交际应酬之类的职位，这对于自视甚高的杜牧而言，显然是很难满足的。于是他便如自己诗中所言，"十年一觉扬州梦，赢得青楼薄幸名"——成为中国古代闻名遐迩的扬州青楼中的常客。

唐代是个相对开放的社会，士大夫倘若只是寻常流连声色，并不会引起太多争议，杜牧之所以弄到名声不太好，一是去得太多太"沉迷"，以至于"奋不顾身"，到了让人不得不说三道四的地步，好心的牛僧孺怕他出意外，特意拨出三十名"便衣"跟踪保护，可想而知他"沉迷"到怎样的程度。

言归正传："春风十里"出自大和九年杜牧所作《赠别二首》之一，赠别的对象是扬州某妓女，赠别的理由是他终于等到一纸调令，要结束长达七年的"地方官秘书"生涯，回长安就任监察御史，从此要和扬州的风花雪月作别。

这位妓女的名字如今已不得而知，但她的身份却"永垂不朽"，因为杜牧自己给写出来了。这首七绝的全文是："娉娉袅袅十三余，豆蔻梢头二月初。春风十里扬州路，卷上珠帘总不如。"这名姑娘的年龄还不到十四岁。

这里的"春风十里"特指扬州的繁华，且着重形容的是风月场所之繁华，而且就诗中所指，其实是以场景借代人物，特指"春风十里中人"——也就是扬州风月场的妓女们品貌不凡，正因为第三句的"春风十里"其实是指代全扬州城的妓女，才会有第四句"卷上珠帘总不如"的承接，意思是"虽然扬州城的妓女个个花容月貌，比起姑娘你来说还是差那么一点点"。

大约就在写出这"春风十里"后没几天，杜牧的上司牛僧孺特意把杜牧叫到家里，向他出示了三十名"便衣"所记的"跟踪流水账"，都是些"某夕杜书记过某家无恙"之类，谆谆告诫他长安不比扬州，也不会再有如他那般好心的上司，今后要修身养性，克己复礼云云。杜牧对牛僧孺感激涕零，此后颇收敛了一阵。不过后来他官运一直半红不黑，失望之余不免故态复萌，这都是后话了。

回到"春风十里"上来，因为出处不凡且颇合诗词需要（四个字是"平平仄仄"，很适宜用于绝大多数格律诗词的词句中），因此后世多有借用者，但其基本含义却仍围着扬州、风月场所这两大要素打转。

如南宋词人姜夔《扬州慢》："淮左名都，竹西佳处，解鞍少驻初程。过春风十里，尽荠麦青青。自胡马、窥江去后，废池乔木，犹厌言兵。渐黄昏，清角吹寒，都在空城。杜郎俊赏，算而今、重到须惊。纵豆蔻词工，青楼梦好，难赋深情。二十四桥仍在，波心荡、冷月无声。念桥边红药，年年知为谁生？"这首词是感喟扬州经历南宋初年兵焚浩劫后的凄凉景象，"春风十里"则是对昔日扬州盛况的概括。但词的下阕不仅提到"豆蔻词工、青楼梦好"，而且直接点及"杜郎"（杜牧），表明姜夔自己也认为，"春风十里"的本义是写"青楼"和"豆蔻"，而自己的用法属于引申意义。

又如清代太仓秀才王曦的《湘月》："春风十里，又无端吹度，一庭芳气。镇日帘栊愁不卷，多少爱花深意。宝马新游，云晴风定，消得闲情未？香浮翠暖，相看如许清丽。来向花下衔杯，渭城曲罢，莫绾青丝辔。屈指韶华容易过，忍误春前欢醉？斗草空阶，寻芳雕槛，记取钗钿坠。最怜娇小，一般黛影柔媚。"尽管这首词的创作地点不能确指为扬州，但从词意上分析，却仍旧是一首赠妓词，从"帘栊愁不卷"可知，作者并不讳言这个劈头第一句"春风十里"是化用了杜牧的典故，既然如此，那么"春风十里"的含义，不问可知。

从中唐到清代时间跨度长达千年，"春风十里"的含义几乎没有太大的变化——没错，它可以用来形容女性，但都是身份特殊的女性，那么，"春风十里不如你"的"不误读含义"究竟是什么，恐怕读到这里的读者全都明白了吧？

不能乱用的"未亡人"

前不久，一名青年学者不幸去世，消息震惊了知识界，一些认识或不认识、熟悉或不熟悉的人纷纷表达了自己对此事的情绪。其中一位知识分子在网络社交平台上发出"今夜，我们都是某某的未亡人"之感慨，迅速引发了一片哗然，甚至一度大有喧宾夺主、冲淡对逝者悼念氛围的势头。

之所以会如此，是因为这位知识分子对"未亡人"的理解，是一个非常明显的重大误读："未亡人"并非按照其字面的意思，指"还没有死去的人"，更非如这位知识分子所辩解的，有"朋友不该死却死去、我们对社会贡献不大却还苟活着"的含义，这个词自诞生之日起就有明确的指代对象。

"未亡人"最早的出处，是《左传·成公九年》，这一年是公元前582年，当年二月，鲁国大夫季文子出使宋国归来，国君鲁成公设宴慰问，席间，季文子"赋《韩奕》之五章"，意在赞美君王并自表忠贞。鲁成公的母亲穆姜这时现身了，她出于房，再拜曰：'大夫勤辱，不忘先君，以及嗣君，施及未亡人。先君犹有望也！敢拜大夫之重勤。'又赋《绿衣》之卒章而入"。

《绿衣》是《国风·邶风》里的一首诗篇，只有四段六十四个字，"卒章"十六个字，是"絺兮绤兮，凄其以风。我思古人，实获我心"，有悼念逝者、不忘遗爱之意。穆姜是鲁宣公的夫人，鲁成公的母亲，其时鲁宣公已去世七年，穆姜吟咏此诗，一来借此激发季文

子对先君的感念，二来彰显自己乃先君妻子、现任国君母亲的身份，三来暗将季文子抬到和先君及自己同辈的长者地位，有嘱托对方尽心尽力辅佐儿子的意义，而按照训诂大师杜预的注解，"未亡人"是"妇人夫死，自称未亡人"。

很显然，"未亡人"的原始意义，首先必须是寡妇而不能是男性，其次应该是寡妇自称而不能是别人对寡妇的称谓——否则不等于在说"你怎么还不去死"么？

此后，"未亡人"三个字的使用，大抵遵循"寡妇""自称"两大原则。如《资治通鉴》记载，东晋简文帝咸安元年（公元371年）十一月，东晋权臣桓温为扩大专权，强行废黜皇帝司马奕为海西公，并逼迫崇德太后褚氏下诏"背书"。褚太后对此十分不满却无可奈何，当时桓温甚至已经为褚太后的废立诏书打好了草稿，心怀悲愤的太后知道无法挽回，就在草稿后添上"未亡人不幸，罹此百忧，感念存没，心焉如割"一行字，"未亡人"同样是自称，她是晋康帝司马岳的妻子，后者逝世于公元344年，距离她写下"未亡人"三字已有27年之久。

明末历史小说《东周列国志》里说，吴王阖闾在伍子胥的帮助下击败楚国，占领郢都，楚昭王仓皇逃遁，其母伯嬴逃亡未及，滞留宫中，阖闾欲行非礼，伯嬴"以剑击户"，痛斥阖闾丧失君王应有的道德水准，表示"未亡人宁伏剑而死，不敢承命"，这段传说是否实有其事且不论，"未亡人"三个字的含义却是一清二楚的。

那么，"未亡人"可不可以是他人对寡妇的称谓？可以是可以的，但这种用法大多出于诗词，且年代都比较晚，如《东周列国志》在前述伯嬴故事后引用了明末某人的一首诗，最后两句是"只有伯嬴持晚节，清风一线未亡人"。清代吴嘉纪《江都池烈女诗》有"朝为未嫁女，暮称未亡人"的诗句。这些明、清两代的诗词大多吟咏所谓"节烈"，"未亡人"指代的仍然是寡妇，且虽是旁称，但语气也仍然是"寡妇自谓"的腔调。

回到文章开头的"误读"：那位当众发帖大呼"我们都是某某的未亡人"者，不但并非亡者的未婚妻子，甚至也不是女性，更夸张的是，这位男性不但自己要做"未亡人"，还自说自话把其他网友也一并"拉下了水"，无怪乎有些网友反驳道："你要做自去做，本人已婚男性，可做不来别人的寡妇。"

直到近代甚至现当代，"未亡人"词义都几无改变，如现代作家茅盾在《泡沫·赵先生想不通》一文中，说赵先生的大儿媳妇年仅十九岁守寡，做了"未亡人"，尽管这里是第三人称，但使用了引号，表明茅盾先生是知道这个词本应用于自称的，且"未亡人"指代寡妇的本义如故。钱锺书《围城》中将"上海的寓公们"讽刺为"国家并没有亡，不必做未亡人"，虽形容的是男性，却使用了将国家比拟成丈夫、"寓公"比拟成妻子的修辞手法，"未亡人"实际上还是"寡妇"原意。

照理说，这样一个千百年来意思变化不大的词，是不应产生什么误读的，但实际上误读却屡屡发生：台湾歌手伍佰有一首《爱情未亡人》，里面写自己"爱情未亡人，游走是为了流浪"，台湾作家郭灿金、刘靖文等出版了一本《不错：纠正你最常搞错的文化常识》对此提出严厉批评，指出伍佰身为须眉男儿自称"未亡人"已十分别扭，而"爱情未亡人"的说法更显得不伦不类。2008年，德甲足球俱乐部汉诺威96主教练兰尼克被传即将遭炒鱿鱼，上海体育媒

那些常识的真相

体《东方体育日报》赫然刊出一条"汉诺威为主帅办好后事,兰尼克成'未亡人'"的标题——即便可以将身为男性的兰尼克被称作"未亡人"解释为"比拟""引申",他的"老公"汉诺威96俱乐部明明活得好好的,用婚姻来打比方,这是"离婚"而非"丧偶",所谓"未亡人",又从何说起呢?

"人尽可夫"原本没有贬义

如今社会已经变得开放和进步，很少会有人特别关注、他人的私人情感生活问题，一个年轻女性选择怎样的人生伴侣，结婚还是不结婚，只要不违法，都不会有太多人品头论足，至于谈过几回恋爱之类就更不在话下了。

但即便如此，倘若背后形容某位女性"人尽可夫"，而竟然被当事人听见，恐怕会吃不了兜着走，被人告个"人身侮辱"也半点不冤。

这也不难理解：自由并不意味着放纵，"人尽可夫"在当代语汇中的意思一如字面，是说这个女性"人人都能当她的丈夫"，个中含义非但带有"此人生活过于随便"的贬抑，甚至可以说有浓厚的侮辱、轻蔑语气，即便再豁达的女子，面对如此含义的一个词，恐怕也很难保持淡定。

如今，已很难查清"人尽可夫"这个词究竟何时何地开始被当作一个"纯贬义"词用到文艺作品中的，目前能找到最早使用这个词且词义也相符合的，是20世纪20年代上海滩"鸳鸯蝴蝶派"流行小说家朱瘦菊，他在杂志连载小说《新歇浦潮》中描写了一名风流开放的上海滩女学生"TT"，说："问她出身，某某女学堂倒也指得出名字；论她行径，却朝三暮四人尽可夫，大有上古仁者博爱之风……究竟算是女学生或是娼妓，在下不敢妄下判断，却要请看书诸公自为研究了。"句子里充满了歧视、轻蔑之意。

在上海滩流行小说（尤其是报刊连载小说）中，"人尽可夫"的"出镜率"是相当高的，词义也几乎如出一辙，大体上被作者用于形容"交际花"或类似的女子，非但是贬义，而且带有一种居高临下的轻薄意味和浓厚的大男子主义色彩。因此当时不少女作家对此不以为然，如张爱玲就曾在自己的小说《爱经》里写过："任何人，当然这'人'字是代表某一阶级与年龄范围内的未婚者，在这范围内，我是'人尽可夫'的。"一些推崇她的评论者将这段话形容为"女权的呐喊"，这其实是过誉了的——仅就择偶观论，这番话中透露的无非是"门当户对"这一最多算中规中矩的传统观念，"够刺激"的无非"人尽可夫"四个字，但细究起来，却不过是颠覆了同时代约定俗成的贬义用法，转而采用了字面上同样说得通的"每个合适人选都可被选作丈夫"，如此而已。

作出这一"活用"的张爱玲本人未必知道，其实"人尽可夫"被用为贬义，只不过是近代一种有意无意的曲解，这个词的本义非但没有贬义，甚至还可以说是带有褒义的。

"人尽可夫"的最早出处，是《左传·桓公十五年》里有关春秋初年的一段故事。

鲁桓公十五年，即周桓王廿三年，公元前697年，这一年郑国国君厉公姬突和首辅祭足间矛盾激化，考虑到祭足原本是政敌——前太子姬忽的支持者，一心牟取岳父权力地位的祭足的女婿雍纠，和姬突密谋，打算利用去郊庙祭祀的机会暗杀祭足。雍纠回家后将密谋告诉了自己的妻子，也就是祭足的女儿，女儿深知密谋得手则父亲丧命，失手则丈夫遭殃，左右为难之际，便跑回娘家试探母亲，问"父与夫孰亲"，母亲答"人尽夫也，父一而已，胡可比"，意思是说："随便什么男人，只要嫁了就是你丈夫，但父亲是唯一的、无法选择的，自然父亲更亲。"得到"标准答案"的祭足女儿随即出卖了丈夫，导致密谋破产，雍纠被杀，姬突流亡国外，直到祭足死后才得以复国。逃到蔡国的姬突后来得知事情原委，批评雍纠"谋及妇人宜其死也"（跟老婆商量这样的机密大事死了活该），从其语气可知，在姬突看来，"人尽可夫、老爹比丈夫更亲"是当时天经地义的道理。

实际上，"人尽可夫"这种不带贬抑、侮辱色彩的用法，直到清代还有人使用。

大约成书于清代中叶的文言短篇小说集《萤窗异草》中有一篇《陆厨》，里面提到一个被休弃的女子谋嫁小叔子的故事，作者评论"妇既见逐，人尽可夫，弟娶之固无害于义"，认为该女子和小叔子即便结婚也无伤大雅。这种观点在理教依然盛行的清代是颇有进步意义的，但这并非本文要讨论的重点，重点是这位署名"长白浩歌子"的作者对"人尽可夫"的用法,更接近《左传》里"中性偏褒"的本义,而此时下距"鸳鸯蝴蝶派"将贬义、带侮辱性语气的"人尽可夫"用法弄得妇孺皆知,不过百年左右而已。这似乎也表明贬义、侮辱性的"人尽可夫"非但不是从古代文学作品中传承下来的,甚至可能也未必是清中叶以前市井约定俗成的用法。

各领风骚的"风骚"

如果您是一位女生，被某个不熟悉的人当众评价"风骚"二字，即便再怎么有涵养，怕也是要跳起来的吧？

可如果您被告知，"风骚"二字其实《红楼梦》中就有，您或许会想，这两个字能形容《红楼梦》中哪位女性？多姑娘还是尤家姐妹？

其实都不是，"风骚"在《红楼梦》里形容的，是书中如假包换的男主角贾宝玉。

在第三回《托内兄如海荐西宾，接外孙贾母惜孤女》中，贾宝玉甫一出场，照例便有一大堆外貌描述，外貌描述最末，"看其外貌是极好，却难知其底细"判词之前，有两句带有半总结意味的四六骈句，说的是"天然一段风骚，全在眉梢；平生万种情思，悉堆眼角"。

四六骈句讲究平仄相对和"一三五不论、二四六分明"，许多文学批评家认为"风骚"是"风韵"之讹，后来流传的《红楼梦》或《石头记》版本有些也的确这样改过来，这未必正确，因为对句中的"思"字可平可仄，起句中用平声的"骚"或仄声的"韵"，从音韵而言自然也都能自圆其说，因此某些《红楼梦》版本就并未改动。但不论改或不改，双方都是拿音韵说事，并没有人认为"风骚"二字本身有何不妥，或认为这个词带有什么贬义，更没人对拿"风骚"形容男性感到诧异。

道理很简单，"风骚"原本就是褒义词，且直到很晚都没有第二重意思。

最初的"风骚"，其实是"风"和"骚"的合称，"风"是《诗经》里的国风，是中国现存最早的民间诗歌，"骚"则指《离骚》，即以屈原为代表，自楚、汉至南北朝甚至更晚一直有人模仿不辍的所谓"骚体诗"。"风骚"合称，既指这两种作品所代表的风格，也用于形容某些后世作品具有"风"和"骚"的某种气质、风格或神韵。

最早将"风"和"骚"合并成一个词的，似乎是南朝文学家钟嵘。他在代表作《诗品》序中说："夫四言文约意广，取效风、骚，便可多得。"意思是说，四言古诗文辞简洁，含义深远，是较为古朴的体裁，只需直接模仿国风、离骚的写作手法，就能获得很大进步。

值得注意的是，此时的"风骚"，形容的是一种简约古朴之美，这自然是因为在当时大多数正统文人看来，《诗经》和《楚辞》

都是具有这种"本色风格"的典范。钟嵘固不待言，晚他数百年的唐代文学家、初唐四杰之一的杨炯，在给其好友、同为"四杰"之一的王勃文集作序时，曾说"贾、马蔚兴，已亏于雅颂；曹、王杰起，更失于风骚"，这里贾、马指贾谊、司马迁，曹、王则指曹植、王粲，四人都以辞赋见长，且风格被归于铺张华丽的一路，而后两人较前两人尤擅。"四杰"主张"复古"，提倡朴实清新的诗赋风格，因此才会批评作品风格和人品风范华丽优美的四位古人"不够风骚"——如果按照后来引申的"风骚观"，结论恐怕是正好相反的。

自盛唐以后，"风骚"的含义不仅从"古朴简约"逐渐演变为"倜傥秀美"，且更多地从形容文字本身，引申至形容作文者的气质。如盛唐诗人高适《同崔员外綦母拾遗九日宴京兆府李士曹》中说"晚晴催翰墨，秋兴引风骚"，其中的"风骚"显然并非杨炯"风骚"之意；而更为人熟知的清初桐城派文人赵翼《论诗绝句》"李杜诗篇万口传，至今已觉不新鲜。江山代有才人出，各领风骚数百年"，这里的"风骚"则更泛指"好的、为时人所欣赏的文风和文人风范"，因为"李、杜"的风格本就大相径庭，和"简约古朴"的"风、骚"都有相当大的反差。至于毛泽东《沁园春·雪》中"唐宗宋祖，稍逊风骚"一句，则更一度上至八十三，下至手里搂，人人耳熟能详了。

不过即便到了清代，也仍然有人使用"风骚"最早的引申义。如比赵翼稍早的明末清初文宗钱谦益，在点评杜甫《戏为六绝句（二）》"王杨卢骆当时体，轻薄为文哂未休。尔曹身与名俱灭，不废江河万古流"时说："卢、王之文劣于汉、魏，而能江河万古者，以其近于风骚也，况其上薄风骚而又不劣于汉、魏者乎"，意思是说初唐四杰中的卢照邻、王勃文章水平不如汉、魏文学家，但他们的文名仍然可以万古长青，奥妙就在于其朴实清新的风格借鉴了国风和离骚。他们这样的水平尚且如此，那些同样借鉴国风、离骚朴实清新风格，文章水平又不比汉、魏文学家逊色的人，岂不是更会永垂不朽么？这里的"上薄风骚"，"薄"是"靠近"的意思。可见此处"风骚"和杨炯"风骚"意思完全一样，而这很可能和他们谈论的是同一个话题（都在谈初唐四杰的文风）有关。

但到了清末民初，形容文风和文人倜傥潇洒的"风骚"本义（确切地说是"本义的直接引申义"）固然仍有使用，但用"风骚"贬斥嘲讽某些女子"不正经""卖弄风情"，却变得越来越普遍，且

浸浸然后来居上，在短短百年间俨然成为"风骚"的首选词义。

这种贬义"风骚"较早的出处，是清末民初的一些谴责小说和通俗小说，如清末民初名人、原籍常州的张春帆，其代表作《九层龟》第四十九回《方小松演说风流案，贝夫人看戏丽华园》中，就说贝小姐"近朱者赤、近墨者黑，跟着贝夫人这样的一个尤物，今天看戏，明日烧香，到处卖弄风骚、招蜂引蝶"，这样的一段文字无需解释，今天的读者也一下就能看出其中的鄙夷讥讽之意。

从贬义"风骚"源出俗文化可以想见，这个词最初是从恭维风尘女子的"风流潇洒、色艺双绝"引申"歪楼"而来，而这个含义又和形容贾宝玉人品风度的"风骚"一脉相承，虽然一贬一褒，但"血统"却可以大致看得明白。

和其他一些被误读的名言不同，"风骚"的褒贬两重含义，当代人大抵都看得懂，也都还有人用，从这个角度看，"风骚"这个词在释义方面，也可算得上"各领风骚"了吧。

你的饭爽不爽口？

如果有人写信请您吃饭，信上说"您将品尝到爽口的食物"，您兴冲冲赴约，却发现席间只有难以下咽的"黑暗料理"，估计是一定"不爽"的吧？"爽口"的食物怎么变成"黑暗料理"了呢？别急，上古的语言里，"爽口"的食物，还真就是这么一副样子的。

最早把"爽"和食物联系起来的，是诸子百家中据说成书最早的《老子》，在《老子·十二》有"五色令人目盲，五音令人耳聋，五味令人口爽"的句子。"五色"指青黄赤白黑，"五音"为宫商角徵羽，"五味"则是酸甘苦辛咸，都是泛指多、丰富的意思，这段话前两句是说，缤纷的色彩会让人眼花缭乱，最终有失明的危险；美好的音乐会使人沉湎其中，最终变成聋子。至于第三句，可不是说好吃的东西会让人大饱口福，不断称快——"爽"的意思是"败坏"，"口爽"就是"倒胃口"，这句的意思是"好吃的东西吃多了胃口就会倒掉"。

曹魏时代的著名学者王弼认为，"爽"的意思就是"败坏"，"口爽"就是味觉失灵或倒了胃口。先秦著作《列子·仲尼》中有"目将眇者，先睹秋毫；耳将聋者，先闻蚋飞；口将爽者，先辨淄、渑"的句子，是说眼睛快瞎的人，临瞎之前会视力大增，可以分辨秋天鸟兽新生的细毛；耳朵快聋的人，将聋之际会听力大长，可以听得清蚊虫飞过的嗡嗡声；味觉将要失灵的人也会突然味感变得十分灵敏，连淄川、渑水这两条河河水味道的微妙差异，都可以"盲

试"出来。成书较晚的《淮南子·精神训》里说"五味乱口,使口爽伤",同样是在说败口味、倒胃口。清末民初的历史学家奚侗也认为,"爽"的古义就是"败坏","爽口"或"口爽",自然就是败坏了胃口。南朝翻译天竺(古印度)的佛教著作《百喻经》中有"愚人无智,便空食盐,食已口爽,反为其患"一句,意思是说,有个笨蛋见厨师把盐放进食物,食物就变得美味,于是回家就只吃盐不吃食物,以为可以更加美味,结果反倒吃坏了胃口。

为什么最早的"爽"总和"口",或干脆说总和"吃"联系在一起?

王弼认为,这是因为"爽"最早的意思,就是"馊了的食物"。他在给《楚辞·招魂》中"厉而不爽些"作注时说,"楚人名羹败曰爽","楚人"就是今天两湖、江淮一代的人,"羹"是指肉汤、菜汤之类,"羹败"或者"爽",说的正是"馊了的肉汤菜汤"。王弼虽然并非楚人(籍贯青州山阳郡,也就是今天山东金乡),但自幼博学,且热衷和各地名士清谈辩论,其最重要的著作《道德经注》《楚辞注》,都是楚人的文字,言之凿凿,必有所据。也就是说,至少两汉三国及更早以前,"爽口的食物"还真就是难以下咽的馊汤剩饭。

其实,"爽"从一开始就有"明快"的意思,如中国现存最早的字书、东汉许慎的《说文解字》中就有"爽,明也"的解读,而这个词义能找到的源流甚至更古老,《尚书·盘庚》中就有"爽德自上","爽德"就是"明德",同书《太甲》《牧誓》等篇中有"昧爽",意思是"黎明","爽"是"明亮"的意思。

说了这么多,并不意味着就不该因为那顿"黑暗料理"生气。事实上,不仅"爽"的另一重意思——痛快、舒服很早就产生,而且和今天意思相近的"爽口"出现得也不晚（当然比那锅馊菜汤还是晚得多）：北宋人邵雍在一首诗中说："爽口物多须作疾，快心事过必为殃。与其病后能求药，孰若病前能自防。"讲的是食物再好也不能无节制地进食，这个"爽口物"，就指的是好吃的食物，而非"黑暗料理"。值得一提的是，由于邵雍名声不大，这首诗前两句又被明末小说家冯梦龙编入《喻世明言·新桥市韩五卖春情》，因此常被误作是冯梦龙的原创；同样出自明代洪应明的《菜根谭》中说："爽口之味，皆烂肠腐骨之药，五分便无殃。"意思同样是劝人不要贪口腹之欲，再好吃的东西也只能吃五分饱，这里的"爽口之味"，当然也是美味，而不是"羹败之味"。

由此可见，"爽口"的意思很早就扭了过来，开头那位八成是成心恶作剧。

附 录

容易误用的成语

1.万人空巷

【释义】家家户户的人都从巷子里出来了。形容庆祝、欢迎等
盛况。

【示例】此时路旁看的，几于万人空巷，大马路虽宽，却也几乎有人
满之患。（清·吴趼人《二十年目睹之怪现状》第七十八回）

【误用】常被误用作街道巷陌空空无人之意。

2.七月流火

【释义】火，星名，指大火星，即星宿。出自《诗经·豳风·七
月》："七月流火，九月授衣。"指农历七月，大火星西行，
天气转凉。

【示例】七月流火，秋风渐起，天气微凉。

【误用】常被理解为七月骄阳似火。

3. 明日黄花

【释义】黄花：菊花。出自宋代苏轼《九日次韵王巩》诗："相逢不用忙归去，明日黄花蝶也愁。"原指重阳节过后逐渐萎谢的菊花，后多比喻过时的事物或消息。近义词，时过境迁。

【示例】过时之物，曰明日黄花。（宋·胡继宗《书言故事·花木类》）

【误用】常被误写作"昨日黄花"。

4. 不刊之论

【释义】刊，古代指消除刻错的字；不刊意为不可更改。比喻不能修改或不可磨灭的言论。

【示例】作者妙笔生花，让人叹服，堪称为不刊之论。

【误用】常被误认为是"不能刊登的言论"。

5. 文不加点

【释义】点：涂上一点，表示删去。文章一气呵成，无须修改。形容文思敏捷，写作技艺纯熟。

【示例】作者才思敏捷，一挥而就，文不加点。

【误用】常被误用来形容写文章粗心大意，不加标点。

6. 差强人意

【释义】差：程度副词，勉强。大体上使人满意。

【示例】你弹的几首曲子都有错误，只有"献给爱丽丝"还差强人意。

【误用】经常被误用为不能使人满意。

7. 相敬如宾

【释义】特指夫妻相敬相爱,与"举案齐眉"含义类似。

【示例】夫耕于前,妻耘于后,同甘共苦,相敬如宾。(明·李昌祺《剪灯余话》)

【误用】误用在母女、婆媳等其他家庭关系之间。

8. 望其项背

【释义】能够望见别人的颈项和背脊,表示赶得上或比得上。多用于否定式。

【示例】爱因斯坦一生取得的成就太多了,一般人实难望其项背。

【误用】常被误认为是"赶不上"。

9. 目无全牛

【释义】眼中没有完整的牛,只有牛的筋骨结构。形容技艺已达到非常纯熟的地步。

【示例】只要肯下功夫,总有一天,你的技艺必能达到庖丁目无全牛的境界。

【误用】常被误用为没有全局概念。

10. 罪不容诛

【释义】罪大恶极,处死都不能抵偿。

【示例】此人犯罪手段十分残忍、情节非常恶劣,社会危害极大,罪不容诛。

【误用】常被误解为罪行还没有达到被杀的程度。

11. 首当其冲

【释义】先受到攻击或遭遇灾难。

【示例】一旦山洪暴发,山脚下这些小村庄将首当其冲。

【误用】常被误用替代"首先"。

12. 不足为训

【释义】足:够得上;训:法则,典范。不值得作为效法的准则或
榜样。

【示例】这个学校做的都是一些"面子工程"和形式主义的东西,
不足为训。

【误用】常被误用为"不足以成为教训"。

13. 始作俑者

【释义】俑:古代殉葬用的木制或陶制的俑人。开始制作俑的人。
比喻首先做某件坏事的人。

【示例】对于这场事故,我们当然要追究谁是始作俑者,但当务之
急是找出解决的方法。

【误用】常误用为褒义词,指某种新制度的开拓者。

14. 不胜其烦

【释义】胜:禁得起;烦:烦琐。烦琐得使人受不了。

【示例】这个表格名目繁多,太啰嗦了,真让人不胜其烦。

【误用】常误用为"不厌其烦"。

15. 师心自用

【释义】形容固执己见，自以为是。

【示例】他常常师心自用，从来不听从别人的建议。

【误用】易误用为"善于学习借鉴，为我所用"。

16. 安土重迁

【释义】安居故土，不愿随便迁往别处。

【示例】自古道："安土重迁。"说了离乡背井，哪一个不怕的。

（明·冯梦龙《东周列国志》）

【误用】易理解相反，以为是看重搬迁之意。

那些常识的真相